LA FIN D'UN MONDE

Ouvrage dirigé par Bénita Rolland
Illustrations de couverture : © iStock

34/36, rue La Pérouse
75116 Paris
www.hugoetcie.fr

ISBN : 9782755629422
Dépôt légal : septembre 2016
Imprimé en Espagne par Blackprint

MARC TOUATI

LA FIN D'UN MONDE

Hugo Doc

Lorsque souffle le vent du changement,
certains construisent des murs,
d'autres des moulins.

(Proverbe chinois)

SOMMAIRE

INTRODUCTION

LA FIN D'UN MONDE, LE DÉBUT DE TOUTES LES OPPORTUNITÉS

Qu'est-il arrivé à notre planète ? L'économie mondiale est dominée par la Chine et l'Inde, presque sans foi ni loi. Les États-Unis se contentent de jouer les seconds rôles, dilapidant des trilliards de dollars au travers de relances budgétaires pharaoniques et de « planches à billets » pléthoriques pour récupérer à peine quelques dixièmes de point de croissance. Encore plus bas sur l'échelle de l'efficacité économique et sociale, l'Europe a déclaré forfait depuis une quinzaine d'années. Créée pour relancer la construction européenne et devenir la locomotive de l'économie mondiale, la zone euro a été incapable de remplir ses missions. Elle s'est condamnée à la croissance molle et au chômage élevé, tout en affaiblissant l'Union européenne, au bord de l'implosion depuis le Brexit. Là aussi, des milliards, voire des trilliards d'euros, ont été dépensés, avec pour seul résultat la montée des inégalités et des tensions sociales. Il y a encore pire : au sein de cette même Europe, il existe un pays qui refuse de regarder la réalité en face et de moderniser son économie. Depuis vingt ans, ses dirigeants préfèrent gagner du temps, augmenter les dépenses et la dette publiques, tout en mentant à leurs concitoyens dans le but affiché d'être réélus. Depuis une dizaine d'années et a fortiori depuis cinq ans, cette stratégie du déni de réalité qui fait passer le marketing devant le bien-être économique a atteint son paroxysme. Dernièrement, prétendant lutter contre le chômage, le gouvernement de ce pays a ainsi décidé de créer 500 000 postes de formation, principalement afin de déplacer les chômeurs concernés de la catégorie A (celle dont parlent les médias) à la catégorie D. Le chômage pourra donc officiellement baisser, permettant au Président en place de tenir sa promesse de début de mandat et de pouvoir se représenter... Vous l'aurez certainement compris, ce pays formidable, c'est notre « douce France ».

CHER, TRÈS CHER, TROP CHER PAYS DE MON ENFANCE

Les chiffres parlent d'eux-mêmes : en 1995, la France était au douzième rang mondial en matière de richesse par habitant. Elle était encore dix-septième en 2005. Elle est aujourd'hui vingt-deuxième (selon les chiffres officiels et harmonisés du FMI). À titre de comparaison, l'Allemagne était vingt-et-unième en 2005, elle est aujourd'hui dix-neuvième. Parallèlement, depuis 2008, la croissance annuelle de la France n'a été que de 0,4 %, contre 0,9 % en Allemagne et au Royaume-Uni, ou encore 1,2 % aux États-Unis. Enfin, selon les statistiques harmonisées d'Eurostat, le taux de chômage oscille autour des 10,2 % en France, contre 4,2 % en Allemagne. Quant au taux de chômage des moins de vingt-cinq ans, il avoisine les 25 % dans l'Hexagone, contre 7 % outre-Rhin. Face à ces contre-performances, mais aussi aux nombreuses et récurrentes erreurs de politique économique, de plus en plus de citoyens français se laissent tenter par des discours extrémistes et rétrogrades. Dernièrement, la proposition de la loi Travail, essayant de moderniser quelque peu le marché du travail français, a amené certains d'entre eux à dénoncer un retour au XIXe siècle !

Savent-ils qu'à l'époque ouvriers et artisans travaillaient sept jours sur sept, souvent plus de huit heures par jour, dans des conditions dramatiques, et pour une bien piètre rémunération ? À les entendre, il faudrait brûler les entreprises, les banques et leurs dirigeants. Se souviennent-ils que l'expérience a déjà été tentée ? Une économie sans marché, sans entreprise privée, sans banque commerciale et sans capitalisme... Cela s'appelait l'URSS et s'est soldé par des millions de morts, la privation des libertés pour des millions de personnes pendant plus de soixante-dix ans, et plusieurs générations sacrifiées. Est-ce cela que les insomniaques de Nuit debout et/ou les partisans de l'extrême gauche souhaitent pour l'avenir de la France ? Certes, l'économie de marché et le système capitaliste sont loin d'être parfaits. Pourtant, plutôt que de les détruire et d'engendrer un chaos dévastateur, ne serait-il pas plus opportun de les améliorer, de tendre vers une plus grande justice sociale ? La réponse nous semble forcément positive. Mais attention cependant à ne pas tomber dans le piège du « c'était mieux avant... »

Cette stratégie du rétroviseur apparaît effectivement vouée à l'échec D'une part, elle est techniquement impossible, d'autre part, le monde d'hier et même celui des Trente Glorieuses n'étaient pas meilleurs que celui d'aujourd'hui. Ils étaient au contraire marqués par plus de pauvreté, plus d'inégalités, plus de dictatures, plus d'opacités, moins de libertés, moins de technologies et moins de transparence. Qui souhaiterait effectivement se retrouver en 1960 avec, certes, peut-être moins de pollution et de poulets aux hormones – quoique... – mais une liberté d'expression réduite, une information limitée et contrôlée, dix heures de train entre Paris et Marseille, un coût exorbitant des transports aériens et de la téléphonie, sans oublier la guerre froide ? De surcroît, à l'époque, plus de 30 % de la population mondiale étaient sous-alimentés, contre 10,9 % aujourd'hui. C'est encore trop : 795 millions de personnes[1], mais quel progrès par rapport au nombre d'individus qui souffraient encore de malnutrition en 1990 : 1,02 milliard !

Arrêtons donc de nous morfondre et de rabâcher « c'était mieux avant » ! Oui, le monde qui nous a vus naître a bien disparu. Finie l'hégémonie des pays « riches », finie l'Europe unie, finis la finance reine et les profits faciles, finies les dépenses publiques à tout-va, fini le règne du politiquement correct et des hauts fonctionnaires « à la française » qui ont toujours raison, finis les faux-semblants et les mensonges d'État qui ne trompent d'ailleurs plus grand monde. Comme disait John Maynard Keynes : *« La difficulté n'est pas de comprendre les idées nouvelles, mais d'échapper aux idées anciennes. »*

Qui aurait aujourd'hui l'idée saugrenue d'essayer de lire une cassette VHS sur un lecteur DVD ? Qui songerait à recharger son iPhone avec un câble Nokia de la fin des années 1990 ? Certainement pas grand monde. C'est pourtant exactement ce que font certains syndicalistes français lorsqu'ils refusent la moindre modernisation de l'économie nationale et préfèrent lui opposer des grèves destructrices. C'est aussi ce que font régulièrement de trop nombreux dirigeants politiques lorsqu'ils continuent de voir le monde avec des lunettes déformantes du passé.

Pour pouvoir jouer et, surtout, gagner dans l'univers actuel, il faut connaître la règle du jeu. Sinon, c'est perdu d'avance !

Désormais, ce sont bien les pays « émergents », Chine en tête, qui donnent le la. Non, la décroissance n'est pas une solution viable. Non l'immigration n'est pas un gage de dynamisme économique. À force

1. Selon les chiffres de la FAO (*Food and Agricultural Organisation*), l'organisme des Nations unies en charge de l'alimentation et de l'agriculture.

de refuser le bon sens économique, l'Europe est au bord de l'implosion, tant d'un point de vue politique que sociétal. Les États-Unis et le Royaume-Uni sont tentés par l'isolement. Attentats, risques géopolitiques, déflation, inefficacité des politiques monétaires et budgétaires, refus des réformes structurelles... Oui, la croissance et plus globalement l'économie de marché sont en danger, en particulier dans l'Hexagone. Pourtant, les dirigeants de la planète, les investisseurs et de trop nombreux citoyens refusent d'admettre que le monde a radicalement changé, tant d'un point de vue économique que financier et politique.

Nous assistons à la fin d'un monde. Si nous refusons encore de voir la réalité en face, la situation économique et sociale de la planète ne cessera de se détériorer jusqu'au chaos. Il est donc urgent de comprendre ces dangers, de mieux intégrer les profondes transformations d'un monde en bout de course, pour pouvoir en reconstruire un autre... meilleur. C'est en comprenant que nous avons changé de paradigmes économiques, politiques, financiers et sociaux que nous pourrons adopter le bon logiciel de manière à affronter le nouveau monde avec succès. Cela passera notamment par une réforme profonde de l'Europe, de la zone euro et de la France pour en faire des machines à croissance et à emplois. À ce moment-là seulement le Vieux Continent pourra chasser les peurs et redevenir une terre d'immigration fertile. Comme dit le proverbe chinois : *« Lorsque souffle le vent du changement, certains construisent des murs, d'autres des moulins. »*

Comme le défend ce livre, employons-nous à faire les bons choix, à devenir des bâtisseurs ayant compris que la fin d'un monde est avant tout le début de toutes les opportunités. Nos candidats à l'élection présidentielle en sont-ils conscients ? J'en doute. À quelques mois de l'échéance, leurs programmes brillent par l'impréparation et le manque de crédibilité économique. À nous de les réveiller au plus vite. Car, après 2017, il sera trop tard.

ÉPISODE I

ÉTATS D'URGENCE

1.
LA CROISSANCE INTROUVABLE ?

Depuis les attentats atrocement meurtriers du 13-Novembre 2015 à Paris, puis ceux de Bruxelles et de Nice, la France et l'Europe vivent dans la peur. Le terrorisme sévit à travers le monde, comme en témoignent les attentats réguliers en Afrique, au Moyen-Orient, en Turquie ou encore les tensions récurrentes entre la Russie et certains de ses voisins, autant de drames qui pourraient déboucher sur une escalade militaire et pourquoi pas déclencher une Troisième Guerre mondiale, qui, à entendre certains, aurait d'ailleurs déjà commencé... À l'évidence, depuis quelques mois, les nouvelles de la planète ne sont guère réjouissantes. Si la tentation de noircir le tableau est évidemment forte, voire pratique pour certains, elle serait inévitablement la pire des solutions. Non seulement parce qu'elle constituerait ce que souhaitent justement les terroristes de Daech et d'ailleurs. Mais aussi parce qu'elle pourrait entraîner l'économie mondiale dans une spirale récessive dramatique. Or, après huit ans de crise, la zone euro, mais aussi de nombreux pays occidentaux tels que les États-Unis et le Japon ne pourraient pas supporter un nouvel accès de faiblesse, pour la simple raison qu'ils ne disposent d'aucune marge de manœuvre pour relancer la machine. Alors, bien sûr, les dirigeants français et européens se veulent rassurants. Selon le commissaire européen Pierre Moscovici, *« les attentats et le climat d'insécurité n'auront pas d'impact sur la croissance »*. Incroyable déni de réalité ! Il n'y a qu'à écouter les professionnels du tourisme, de la restauration, des grands magasins et du commerce en général. Ils annoncent des baisses de ventes et de commandes de 30 à 50 % depuis la fin 2015. Les dégâts économiques sont bien là. Selon une note de la Direction du Trésor français, ce coût ne serait que de 2 milliards d'euros dans l'Hexagone, soit 0,1 point de PIB. Il n'y aurait donc pas de quoi s'affoler.

Les « psychologues » de la consommation estiment même que le climat d'insécurité génère une sorte de « fièvre acheteuse » des ménages, ces derniers compensant leurs peurs par des acquisitions compulsives et massives. On croirait presque entendre certains économistes du début du XXe siècle, qui soutenaient, à l'instar du café du commerce, que *« rien ne vaut une bonne guerre pour relancer l'économie »*. À l'appui de cette thèse ô combien « scientifique », les dépenses militaires, mais aussi en personnels de sécurité, ou encore les achats compulsifs agiraient comme des soutiens de l'activité économique, réduisant même le chômage et la pauvreté…

Ces affirmations ne sont pas complètement dénuées de sens. Ainsi, quelques mois après les attentats du 11-Septembre 2001, les États-Unis retrouvaient le chemin de la croissance forte, notamment grâce aux dépenses militaires, mais aussi à une relance budgétaire et monétaire massive. George W. Bush pouvait utiliser les excédents budgétaires que lui avaient laissés Bill Clinton et la croissance forte des années 1995-2000. Ce qui est loin d'être le cas aujourd'hui, en particulier en France. Certes, les risques d'attentats et le climat d'insécurité ne sont pas forcément synonymes de baisse du PIB ou de récession. En Israël, par exemple, la croissance s'est maintenue à une moyenne de 3,3 % entre 2008 et 2015, ce qui le place au deuxième rang des pays de l'OCDE en termes de performance de croissance depuis 2008, derrière Singapour – avec 4,4 %. À titre de comparaison, la croissance annuelle moyenne de la France sur cette même période a été de 0,4 % et celle de la zone euro de 0,1 %. La croissance peut donc être compatible avec un état d'urgence, voire de guerre, pour reprendre l'expression de MM. Hollande et Valls. Seulement voilà, ce qui est vrai aux États-Unis ou en Israël ne l'est pas forcément dans notre « douce France ».

Pour réaliser une croissance forte dans l'adversité, il faut y être préparé et être solide psychologiquement. À titre d'illustration, il faut noter que l'économie française tout comme celle de la zone euro ont été plus affectées que leur homologue américaine par les attentats du 11-Septembre 2001, et n'ont retrouvé le niveau de croissance de l'Oncle Sam qu'en 2006. Avec près de cinq ans de retard. En revanche, dès que les États-Unis ont ralenti le rythme en 2007, la France et la zone euro n'ont pas mis cinq ans à les suivre, mais ont décéléré dès le début de 2008. De même, lors de la faillite de Lehman Brothers et de la récession qui a suivi, les PIB de la France et de la zone euro ont plus baissé que celui des États-Unis. Ils n'ont retrouvé le chemin d'une croissance appréciable qu'à partir de 2015. Nous sommes face à un double problème. D'une part, la faiblesse de la croissance structurelle (c'est-à-dire celle qui s'obtient en rythme de croisière de l'économie, donc sans crise et sans aide artificielle) de la France et de la zone euro, qui est de seulement 0,8 %, contre par exemple 2,5 % aux États-Unis. D'autre part, le pessimisme maladif doublé d'un manque criant de culture économique de trop nombreux citoyens de la France et de la zone euro.

LA GRÈVE, ENNEMIE DE L'EMPLOI

Le blocage d'une partie de l'économie française en mai et juin derniers est d'ailleurs l'illustration parfaite de ce manque de clairvoyance. Comment peut-on effectivement essayer de bloquer une économie déjà affaiblie par un risque terroriste permanent ? C'est dire l'étendue de l'hermétisme de certains Français à la moindre réforme. Ces blocages et frondes sociales coûtent cher à l'économie française qui sort très péniblement la tête de l'eau depuis quelques trimestres. Lorsque l'on sait qu'un jour de grève à la SNCF coûte environ 50 millions d'euros et génère un manque à gagner quotidien de 400 millions pour l'ensemble de l'économie française, on peut imaginer l'ampleur des dégâts causés par l'ensemble de ces grèves et blocages. Mais, au-delà de ces coûts directs, qui sont déjà exorbitants, le vrai coût de la grève est ailleurs.

D'une part, il réside dans un affaiblissement global de l'économie nationale : après un premier trimestre 2016 de rebond technique, les mois d'avril et mai ont été particulièrement mous. Dès lors, la plupart des acteurs économiques français comptaient sur le mois de juin pour « se refaire une santé », avant le long tunnel des vacances d'été. Or, ces mouvements de blocage sont venus tout casser. D'ailleurs, en juin, et malgré le regain d'activité qui aurait dû être généré par l'organisation de l'Euro 2016, la France a été le seul pays de la zone euro dans lequel les indicateurs des directeurs d'achat ont fait état d'une baisse de l'activité tant dans l'industrie que dans les services.

D'autre part, le retour des grèves pour une simple réformette telle la loi Travail va encore nuire à la crédibilité de l'économie française. Il faut se rendre à l'évidence : nos voisins européens, qui ont fait énormément d'efforts et de sacrifices depuis 2008, ne nous comprennent plus. Ils ne sont plus prêts à accepter les dérives françaises. Il est donc grand temps de parler vrai et de responsabiliser nos concitoyens : en période de crise, et a fortiori en état d'urgence, tout le monde doit se retrousser les manches et personne ne doit l'en empêcher. La liberté s'arrête là où commence celle des autres.

Si ce comportement ne change pas, il faut se préparer à un nouvel exode de nos jeunes les plus brillants, de nos cerveaux les plus développés et de nos entreprises les plus performantes. Pour l'instant la politique ultra-accommodante de la BCE maintient les investisseurs sous anesthésie dans un « monde parallèle », notamment en stabilisant les taux d'intérêt des obligations d'État à des niveaux excessivement bas. Mais ils finiront bien par se réveiller avec la gueule de bois, par exemple lorsque la notation de la dette française sera fortement dégradée. Cela entraînera tout d'abord une défiance internationale massive. Dans la mesure où plus de 60 % de la dette publique française est détenue par des non-résidents, et malgré l'aide de la BCE, une forte augmentation des taux d'intérêt se produira. Elle pèsera négativement sur l'investissement, donc sur la croissance et l'emploi. Il en découlera une hausse conséquente du chômage, un accroissement des déficits publics et de la dette, ce qui renforcera la défiance. Le cercle pernicieux continuera, entraînant la France dans une crise « à la grecque ». Pour éviter d'en arriver là, il faut donc absolument arrêter la démagogie et devenir enfin responsable. L'avenir de nos enfants en dépend...

EUROPE : LES ILLUSIONS PERDUES

En matière de croissance, de chômage, de dette publique ou de sécurité, la France et l'Europe manquent de clairvoyance. Et ce, depuis plus de vingt ans. En effet, la faiblesse structurelle de la croissance, l'incapacité à faire baisser fortement et durablement le chômage, l'augmentation de la dette publique à environ 100 % du PIB ne sont pas tombées du ciel en quelques mois. Niant la réalité, les dirigeants eurolandais n'ont cessé de répéter que tout était sous contrôle. Ainsi, au début des années 2000, ils annonçaient que d'ici 2010, l'Union économique et monétaire (UEM) allait devenir la zone la plus fertile en croissance et en emplois ! Grâce à cette croissance forte, les déficits publics et les dettes des États allaient fondre comme neige au soleil, notamment dans les pays du sud de l'Europe. Certains voyaient la dette de la Grèce passer sous la barre présentée à l'époque comme fatidique des 60 % du PIB... Quant à la France, elle devait devenir la locomotive économique et politique de l'Europe, loin devant l'Allemagne qui paraissait alors souffrir d'une langueur économique tenace... La réalité fut, hélas, aux antipodes de ces rêves ou plutôt de ces berceuses. Ainsi, de 2002 à aujourd'hui, la zone euro a été la lanterne rouge de la croissance mondiale, avec le Japon, qui lui a transmis sa principale maladie, la déflation. Dans ce contexte, nos amis britanniques, à force de refuser l'euro, ont fini par se poser la question de leur maintien au sein de l'Union européenne, et y ont répondu par la négative...

Dans le même temps, à l'exception notable de l'Allemagne, le chômage n'a cessé de progresser dans la grande majorité des pays de l'UEM et les dettes publiques n'ont fait que flamber. Supposée être l'apanage des pays émergents d'Amérique latine ou d'Afrique, la crise de la dette s'est alors imposée dans de nombreux pays eurolandais, dont certains, et notamment la Grèce et Chypre, sont tombés dans une situation de faillite.

Et la France dans tout ça ?! Elle s'est enfoncée dans l'atonie économique, le chômage de masse et la gabegie inefficace de dépenses publiques. À l'inverse, l'Allemagne a su moderniser ses structures économiques, ce qui lui a permis de retrouver le chemin de la croissance soutenue et de la baisse durable du chômage. Elle est logiquement devenue la locomotive économico-politique de la zone euro. Encore plus grave, la France est depuis environ cinq ans une des principales cibles du terrorisme djihadiste et ne parvient pas à endiguer cette menace. Bien entendu, face à des kamikazes, le risque zéro est impossible. Pourtant, il est toujours frappant d'apprendre qu'avant de passer à l'acte, ces extrémistes étaient tous connus des services de sécurité. Là aussi, il était donc possible d'agir en amont pour éviter les récents attentats. Malheureusement, à l'instar du domaine économique, un immobilisme maladif a prévalu en matière de sécurité. Autrement dit, la culture des faux-semblants, du manque de courage et des contre-performances n'est pas l'apanage de l'économie. D'un point de vue sociétal et sécuritaire, les mêmes erreurs ont été commises et les mêmes contre-vérités ont été diffusées. Depuis les années 1970, on a ainsi essayé de nous faire croire qu'en parquant certaines catégories de la population dans des cités HLM, mais bien sûr avec beaucoup d'aides publiques, la société française allait monter en grade, notamment grâce à un ascenseur social hors pair ! Que de mensonges et de gâchis !

Plus récemment, lors des émeutes de 2005 dans certaines banlieues, on a également voulu nous faire avaler que tout était sous contrôle, que les réseaux mafieux et extrémistes étaient hors d'état de nuire. Bref, que l'on pouvait dormir tranquilles... Allez dire ça aux familles des 217 personnes assassinées et 740 blessées lors des attentats commis en France en seulement neuf mois...

Le pire est que malgré ces horreurs (qui s'ajoutent à celles des attentats perpétrés de 2012 à 2015), aucune mesure de grande ampleur capable de stopper ce déchaînement de violences n'a été prise. Les seules décisions récentes ont été l'annulation de certaines manifestations estivales du type de la « Braderie de Lille ».

Ces annulations ainsi que le climat anxiogène qui prévaut actuellement vont évidemment peser à la baisse sur l'activité économique. Et ce, notamment dans le secteur du tourisme qui est l'un des grands pourvoyeurs de croissance et d'emplois en France.

Déjà en léger recul au deuxième trimestre 2016, le PIB français pourrait ainsi nettement baisser au troisième trimestre, ce qui marquera le retour de la récession et de la forte augmentation du chômage.

À côté de ces coûts économiques, le sentiment d'insécurité et le manque de réactions adéquates des dirigeants du pays vont aussi engendrer des coûts psychologiques et sociétaux conséquents. Dans ce cadre, déjà au sommet dans les sondages, le Front national va encore gagner des points, tout comme la probabilité de sa victoire aux présidentielles de 2017.

Il s'agissait d'un cauchemar dans l'introduction de mon dernier livre Guérir la France, La thérapie de choc. Mais comme, malheureusement, quasiment rien n'a été fait tant sur le front économique qu'en matière sécuritaire, ce cauchemar pourrait bien devenir réalité. De quoi nuire encore à la crédibilité économique et politique de la France, qui est décidément de plus en plus loin des images idylliques des cartes postales...

En conclusion, au-delà de l'horreur humanitaire qu'ils engendrent, les attentats de ces dernières années instillent un doute quant à la capacité des dirigeants français, belges et européens à assurer la sécurité physique des entreprises et des citoyens. Or, sans sécurité, pas de confiance. Et sans confiance, moins d'investissement et de consommation, donc moins de croissance et plus de chômage. Le raisonnement est malheureusement impitoyable : si avec un environnement relativement sûr, la croissance en France et dans la zone euro est structurellement molle, que va-t-elle devenir avec un risque terroriste majeur ? Attention néanmoins au piège qui consisterait à se contenter d'augmenter les dépenses publiques pour essayer de contrecarrer ce danger. Car, de la même façon que l'augmentation de ces dernières depuis plus de vingt ans a été incapable de consacrer une croissance forte, rien ne garantit qu'il n'en sera pas de même en matière sécuritaire. Autrement dit, il s'agit plus d'un problème d'efficacité que de quantité de moyens publics. Il faut donc espérer que les dirigeants français et européens comprendront enfin que le monde a définitivement changé.

Alors, oui, la résilience de la croissance française face aux menaces terroristes est possible. Mais à plusieurs conditions. D'abord, que les pouvoirs publics acquièrent une forte crédibilité en matière de lutte préventive contre le terrorisme et assurent ainsi un fort degré de sécurité physique des Français. Ensuite, que ces derniers soient mentalement forts, qu'ils comprennent que les crises sont toujours des phases d'opportunité, qu'ils ne comptent pas trop sur les dépenses publiques pour les sauver. Et, enfin, qu'ils préfèrent investir et consommer plutôt que se terrer dans la peur et l'épargne. En trois mots : Aux armes, citoyens !

2.
ARRÊTONS LES MENSONGES !

Vous l'aurez certainement compris, ce livre ambitionne de détruire les idées reçues de manière à mieux maîtriser le monde à venir. Dans ce cadre, il va falloir dénoncer toutes les stratégies des dirigeants – politiques, financiers, syndicalistes et médiatiques – axées autour du mensonge. Certes, un petit mensonge vaut mieux qu'une grosse catastrophe. Qui n'a jamais pensé ce vieil adage ? Pas grand monde. Pourtant, si une telle pratique sied plutôt bien à la réalité du quotidien, elle peut au contraire devenir dramatique lorsqu'elle s'applique à la sphère économico-financière. La crise dans laquelle nous évoluons depuis 2008 s'est accompagnée d'une déferlante impressionnante de contrevérités. Nous ne croyons absolument pas à la trop pratique théorie du complot. Elle est en réalité dangereuse car « déresponsabilisante ». Il faut néanmoins reconnaître qu'une grande partie des évolutions économico-financières de ces dernières années a été fondée sur du vent. L'économiste, bien loin de suivre bêtement le consensus, doit, au contraire, tout faire pour déceler et dénoncer au grand jour ces contrevérités. Les faux-semblants de ces dernières années et ceux qui prévalent encore aujourd'hui demeurent largement décelables. À condition de bien vouloir ôter les lunettes déformantes de la pensée unique.

Tout a commencé avec la titrisation des dettes *subprimes*, c'est-à-dire leur transformation, par constructions extrêmement risquées, en des titres au-dessus de tout soupçon puisque qualifiées AAA par des agences de notation à qui on aurait donné le bon Dieu sans confession. Sous couvert de mathématisation et de modélisation extrême, la finance était donc en train de rompre avec une de ses règles de base et de bon sens, à savoir la corrélation positive entre le rendement et le risque. Autrement dit, en temps normal, pour gagner beaucoup, il faut prendre des risques, et si on ne veut pas prendre de risques, il faut se contenter de rendements faibles. Entre 2002 et 2007, certains ont laissé croire qu'on pouvait augmenter le rendement sans accroître le risque. Belle arnaque ! Cette crise dite des *subprimes* est avant tout la résultante d'une crise de cupidité aveugle et d'une mauvaise gestion du risque. Ensuite, ce fut la flambée des prix du brut. Ainsi, en 2008, les « meilleurs spécialistes pétroliers » de la planète se battaient pour annoncer unanimement que le monde était confronté à une pénurie durable d'or noir. Selon eux, le baril à 150 dollars était donc normal et les 200 dollars imminents. Pourtant, les statistiques étaient et sont encore formelles : l'offre mondiale reste largement supérieure à la demande. Tel ne sera peut-être plus le cas dans trente ans. Mais, d'ici là, nous avons le temps de voir venir. Il y a trente ans, on nous promettait aussi la fin du pétrole pour l'an 2000. Ce « canular » a la vie longue et marche à tous les coups...

Parallèlement, des banques centrales, la BCE notamment, n'ayant cessé de mettre en avant les risques d'hyper-inflation, le monde développé s'est engouffré dans une déflation particulièrement dangereuse. Car, ne l'oublions pas, la déflation est bien plus dramatique que l'inflation. La crise qui a suivi le krach de 1929 et l'effondrement du Japon depuis vingt-cinq ans nous le rappellent. Que dire alors de l'effondrement des États-Unis annoncé depuis les années 1980 ? Au lendemain des attentats du 11-Septembre 2001, ils étaient promis au déclin immédiat et durable. Pourtant, dès 2002, leur croissance redémarra, alors que celles de la zone euro et du Japon continuaient de s'affaisser jusqu'en 2005. Il en fut de même après la crise de 2008, et pourtant, malgré la perte de son dynamisme, l'Oncle Sam a retrouvé rapidement le chemin de la croissance. À l'inverse, l'activité de la zone euro et de la France a replongé dès 2011 et reste depuis engluée dans la croissance molle. La reprise massive, qu'on ne cesse d'annoncer, s'avère complètement chimérique.

Et pourtant... une majorité « d'innocents » continue de croire à ces énormités. Ainsi, nul n'a mis en doute l'annonce par la Chine d'un faible ralentissement de sa croissance, passée de 7 % au deuxième trimestre 2015 à 6,7 % aux premier et deuxième trimestres 2016. Or cette résistance est particulièrement étonnante au regard de l'effondrement des indicateurs avancés de l'activité depuis le début de 2015. Les directeurs d'achat ne cessent d'annoncer une vraie baisse de l'activité chinoise... Qu'à cela ne tienne. Toute la planète sait qu'une forte baisse de la croissance chinoise susciterait un nouvel effondrement des marchés boursiers internationaux, comme cela s'est produit fin août 2015. Il ne faut donc surtout pas affoler les investisseurs. Aussi, tout le monde se félicite des chiffres de la croissance chinoise et quasiment personne n'ose dénoncer ce mensonge aussi visible que le nez sur la figure. La réalité finira forcément par ressortir, notamment au travers de la réduction du chiffre d'affaires réalisé par les entreprises occidentales en Chine, ce qui se traduira par un amoindrissement de leurs profits, donc des dividendes distribués et in fine par une baisse de leurs cours boursiers. Les mensonges d'État sont également pléthore dans l'Hexagone. Ainsi, depuis 2008, tous les dirigeants français prévoient le retour de la croissance forte. Or, la progression annuelle moyenne du PIB est de seulement... 0,4 % ! Depuis une quinzaine d'années, on nous annonce une baisse imminente des dépenses et de la dette publique.

Résultat des courses : les dépenses atteignent 57 % du PIB et la dette publique presque 100 %[2]. Ces records historiques n'empêchent pas le chômage de flamber et la situation sociale de se dégrader. Autres mensonges : on veut nous faire croire que la retraite par répartition sera aisément financée pendant les trente prochaines années, ou encore que la situation dans les ZUS (zones urbaines sensibles) s'améliorera avec une baisse significative du chômage. Reste-t-il des personnes sérieuses pour croire à toutes ces inepties ?

Hélas, oui. En effet, le président Hollande nous a montré, notamment avec son « plan d'urgence pour l'emploi », annoncé début 2016, qu'il est au moins aussi fort que son homologue chinois Xi Jinping. Ainsi, plutôt que d'engager une profonde réforme du marché du travail, condition sine qua non pour faire enfin baisser le chômage, il a préféré le marketing au courage économico-politique. Pour être clair et direct : ce plan représente avant tout des soins palliatifs et non un traitement préventif du fléau qu'est le chômage. Il se résume pour l'essentiel à un ajustement statistique qui, grâce aux contrats de formation, permettra de faire passer 500 000 chômeurs de la catégorie A à la catégorie D. Quant aux aides aux entreprises, les exemples du Cice (Crédit d'impôt pour la compétitivité et l'emploi) et du pacte de responsabilité montrent que l'effet sur le chômage sera extrêmement faible. Et le tout pour la bagatelle de 2 milliards d'euros – une ardoise qui pourrait même doubler. Si, à la rigueur, cela permettait vraiment d'améliorer l'employabilité des travailleurs sans qualification, pourquoi pas ? Malheureusement, nous en resterons loin.

2. 96,1 % précisément, en moyenne, en 2015, et 97,5 % au premier trimestre 2016, selon les chiffres de l'INSEE, qui sont cependant loin d'être fiables à 100 %.

QUATRE RÉFORMES

À l'image de la loi Macron, ou encore plus récemment des mesures proposées par la Banque de France pour améliorer le financement des TPE-PME, ce plan constituera une sorte d'anti-inflammatoire, alors que, vu son état de santé déplorable, l'économie française a besoin d'une thérapie de choc. Les mesures à prendre sont bien connues J'y ai consacré mon livre précédent, *Guérir la France - la thérapie de choc*[3]. Elles ont déjà fait leurs preuves dans de nombreux pays, notamment en Europe (Allemagne, Espagne, Italie, Portugal). Oui, les seuls moyens de faire baisser vraiment et durablement le chômage résident dans la diminution du coût du travail – notamment les charges qui pèsent sur les salaires – et la fluidification du marché de l'emploi. Le tout devant évidemment être accompagné par l'avènement d'une croissance forte.

Or, ne l'oublions pas, la croissance française restera molle. Il ne s'agit pas là de « déclinologie » ou de *french bashing*, mais simplement d'une réalité économique. Pour sortir de cette léthargie structurelle, il faudra engager de vraies réformes. Pour commencer, j'en propose quatre :

1. Baisser la pression fiscale pour tous, les entreprises et les ménages, de façon claire, par exemple en réduisant le taux de l'impôt sur les sociétés et la CSG ;
2. Optimiser la dépense publique, en réduisant les dépenses de fonctionnement ;
3. Moderniser le marché du travail (comme évoqué plus haut) ;
4. Favoriser le financement des entreprises et de l'innovation, notamment en assouplissant les règles prudentielles qui pèsent sur les banques et en facilitant la création de fonds d'investissement.

Ces mesures ne sont pas ultra-libérales, mais simplement de bon sens économique. Et c'est là que le bât blesse. Car les mensonges sont toujours découverts et les dénis de réalité finissent par coûter très cher.

Néanmoins, il serait trop facile de faire porter le chapeau aux seuls dirigeants politiques. Il faut aussi que les acteurs économiques ne se mentent pas à eux-mêmes.

LE CONTRE-EXEMPLE D'AIR FRANCE

Depuis une dizaine d'années – notamment avec le développement des réseaux sociaux et des chaînes d'info en continu –, le pouvoir des images est devenu impitoyable et souvent irréparable. Pour le meilleur

3. Éditions du Moment, 2015.

et surtout pour le pire. Le meilleur ? Au printemps 2015, Air France lance une campagne de publicité tonitruante à travers le monde afin de *« réinventer la marque tout en contribuant à l'image de la France à l'international »*. Vaste programme ! Axée sur la « séduction à la française », elle-même matérialisée dans le spot de pub par le fameux *french kiss*, cette déferlante publicitaire a pour slogan *« France is in the air »*. Quelques mois plus tard, le retour à la réalité est à la fois triste et violent. Ainsi, dans le sillage d'une forte détérioration du compte d'exploitation, qui impose à la compagnie de réduire ses coûts, tous les efforts marketing développés depuis le printemps 2015 sont balayés en quelques minutes par une autre vidéo. Mais, cette fois-ci, pas de *french kiss* et encore moins de *love is in the air*. Et pour cause, le nouveau clip dévoile la violente agression par des militants syndicaux de deux dirigeants de la compagnie, qui se retrouvent l'un sans chemise et face contre terre, l'autre la chemise déchirée et les cheveux ébouriffés. À l'évidence, le télescopage de ces deux séquences est affligeant et cruel. Outre le gaspillage de millions d'euros en dépenses de communication, il ternit profondément l'image de la compagnie aérienne et plus globalement de la France qu'il montre au bord de la crise de nerfs, pour ne pas dire de la faillite sociétale.

Évidemment, un plan de 2900 suppressions de postes n'est pas facile à accepter pour les salariés. Mais la violence ne résout rien. Elle est totalement injustifiée. Air France est la compagnie aérienne européenne qui emploie le plus de salariés : 63 955 personnes fin 2014. Son chiffre d'affaires s'élève à 15 milliards d'euros et sa perte d'exploitation est de 376 millions d'euros, pour l'année 2014, même s'il faut signaler un très léger excédent en 2015. À titre de comparaison, Lufthansa emploie 56 960 salariés, pour un chiffre d'affaires supérieur à 23 milliards d'euros et un excédent d'exploitation de 600 millions d'euros. Que dire alors de British Airways, avec ses 39 868 salariés, un chiffre d'affaires de 16 milliards d'euros et un bénéfice de 1,3 milliard d'euros !

Est-il normal que, dans le même domaine d'activité, une compagnie emploie 7000 personnes de plus, tout en réalisant 8 milliards de chiffre d'affaires en moins ? Mieux, ou plutôt pire, comment une compagnie peut-elle embaucher 24 000 salariés de plus, pour un chiffre d'affaires identique ? Nous sommes face à un problème de bon sens. Malheureusement, certains Français refusent toujours de le comprendre et préfèrent s'inscrire dans la problématique destructrice de la lutte des classes.

Dans ce cadre, le dérapage incontrôlé de certains syndicalistes d'Air France apparaît symptomatique de l'état catastrophique des relations sociales dans un pays comme la France, qui a pourtant fait de la paix sociale son objectif premier. À quoi bon consacrer chaque année 57 % du PIB à la dépense publique pour en arriver là !

Cela montre tout simplement l'échec du modèle français. En effet, malgré ou peut-être à cause du poids exorbitant de sa puissance publique, la France ne cesse d'accumuler les contre-performances, notamment une croissance structurelle d'au mieux 0,8 % et un taux de chômage dramatiquement élevé – 10,2 % selon Eurostat, environ 22 % si l'on intègre tous les chômeurs, des catégories A à E, sans oublier les 25 % de chômage des moins de 25 ans.

À l'inverse, avec des dépenses publiques représentant seulement 43,9 % de son PIB, l'Allemagne affiche une croissance structurelle de 1,4 % et un taux de chômage de 4,5 % (toujours selon Eurostat). Et nous ne parlerons pas du Royaume-Uni, où le poids des dépenses publiques est de 40 % du PIB, la croissance structurelle de 2,2 % et le taux de chômage de 5 %. Bien sûr, la France est un pays à part. C'est d'ailleurs ce que le spot de pub d'Air France appelait la *« french touch »*. Cette spécificité ne doit cependant pas se résumer à une carence en matière de bon sens et à un excès de violence. Espérons donc que les dirigeants politiques, mais aussi les syndicalistes et plus globalement l'ensemble des Français, sauront enfin faire le bon choix. Celui de la rationalité, de la cohésion, de la croissance, de l'emploi et de l'efficacité socio-économique, tournant enfin le dos à la lutte des classes, à la dépense publique pléthorique, au chômage de masse et aux inégalités.

Sans changement de cap, à défaut d'être *« in the air »*, la France finira vraiment par sombrer dans un trou d'air. En conclusion, il est urgent que les marchés, les investisseurs et les citoyens prennent du recul et cessent de croire à des mensonges finalement très coûteux. Ils imposeront alors aux dirigeants de dire enfin la vérité, afin de sortir du court-termisme ambiant, car, comme le soulignait l'écrivain roumain Alexandru Vlahuta, *« La vérité attend. Seul le mensonge est pressé. »*

3.
LA FRANCE IRRÉFORMABLE ?

Souvenons-nous des années 1998-2000. En dépit d'une croissance française exceptionnellement forte, Lionel Jospin a refusé de moderniser l'économie française, préférant dilapider une prétendue « cagnotte » en vue de se faire élire président en 2002. Cette stratégie du déni déboucha sur une double peine : individuelle et nationale. Lionel Jospin n'a même pas franchi le premier tour des élections présidentielles et la France n'a jamais retrouvé le chemin de la croissance. Après Juppé en 1995, Allègre en 2000, Villepin en 2006 et bien d'autres, Valls a fait l'expérience au printemps dernier de l'hostilité congénitale des Français à la plus modeste des réformes, qu'elle soit à l'initiative de la droite ou de la gauche. Pour ma part, deux grands déclics dans ma vie d'économiste m'ont fait définitivement comprendre que la France ne pourra se réformer et être modernisée en douceur. Le premier date de 2002-2003. Le président Chirac vient d'être réélu avec 82,2 % des voix. Il s'agit de son deuxième et dernier mandat. Il n'a donc rien à perdre. Ses conseillers, ainsi que ceux de Bercy et de Matignon, me demandent, comme à d'autres économistes, les réformes à mettre en œuvre pour relancer durablement l'économie française. Tâche louable que j'exécute. Mais une fin de non-recevoir est opposée à chacune des réformes proposées, inspirées principalement de celles menées à l'époque en Allemagne, c'est-à-dire avec moins de pression fiscale et de dépenses publiques, une réduction du coût du travail et un marché de l'emploi libéré. Avec, en conclusion, le message subliminal suivant : « Vos réformes, trop radicales, risquent de générer de graves mouvements sociaux. Or, le Président ne veut pas prendre ce risque. »

Conscient de la gravité de la situation française, je compris que rien ne bougerait avant de nombreuses années. En effet, si des dirigeants politiques à peine réélus confortablement ne souhaitaient pas moderniser l'économie française, quand cela pourrait-il se produire ? À ce moment-là, mon optimisme à toute épreuve laissa la place à une inquiétude structurelle qui, avec le temps, s'avéra malheureusement justifiée. En 2014-2015, devant l'ampleur croissante des dégâts, je décidai d'écrire un livre pour tenter de remédier aux maux de l'économie française, *Guérir la France - la thérapie de choc*[4].

Se produisit alors le deuxième déclic. À ma grande surprise, certains journalistes, mais aussi certains chefs d'entreprise et de nombreux particuliers, m'adressèrent de vives critiques. Ils soulignaient qu'une thérapie de choc n'était absolument pas adaptée à la France et que notre modèle résidait justement dans la croissance molle et le chômage élevé. Si le refus des réformes par des dirigeants politiques, dont le but ultime est d'être réélus, pouvait à la rigueur paraître compréhensible, une attitude similaire de la part de la société civile est dramatique. Nous y voilà : le déni de réalité. Encore et toujours. C'est pourquoi, plus que jamais, il faut faire admettre aux Français la disparition du monde de leur enfance, celui où la France était un pays modèle.

François Hollande, devenu président de la République, l'a d'ailleurs compris en partie. En effet, comme d'autres avant lui, il a été élu sur un programme économique intenable. Seulement voilà, une fois au pouvoir, il a dû logiquement revenir sur ses promesses électorales utopiques.

Pour autant, ne rêvons pas : si François Hollande a décidé d'engager quelques réformettes, ce n'est pas sous l'effet de la grâce divine mais par peur d'une forte dégradation de la note de la dette publique française, qui aurait pu susciter une forte remontée des taux d'intérêt des obligations d'État et entraîner le pays dans une crise « à la grecque » inextricable.

DE MITTERRAND À HOLLANDE

Tout a commencé le 13 janvier 2012, avec la dégradation de la note de la France par l'agence Standard & Poor's. Pour la première fois depuis 1975, la France perd alors son AAA. Sa note est ramenée à AA+ avec perspective négative. Le message est donc le suivant : si la situation des finances publiques françaises continue de se dégrader après les élections présidentielles de mai, la sanction risque d'être lourde. Avertissement confirmé par l'autre agence, Moody's, qui préfère néanmoins maintenir le bénéfice du doute et ne pas engager de dégradation. Dès le lendemain de la victoire de François Hollande, la pression des deux agences de

4. *Op. cit.*

notation monte alors d'un cran. Devant l'immobilisme et le peu de crédibilité économique du nouveau Président, Moody's prévient même qu'elle s'apprête à dégrader très fortement la France à l'automne 2012. Quelques mois seulement après son élection, François Hollande se retrouve dans une situation analogue à celle de François Mitterrand en 1983.

Souhaitant tenir ses promesses de campagne et faisant fi du contexte mondial – stagnation économique et inflation élevée – et des avertissements de ses partenaires internationaux, le président Mitterrand avait engagé une relance massive dès l'été 1981.La forte augmentation des dépenses publiques fut même accompagnée d'une vague de nationalisations, dépassant donc largement le cadre de la relance keynésienne traditionnelle. Au même moment, et pour ne rien arranger, l'économie mondiale fut frappée par un deuxième choc pétrolier, dans le sillage de la révolution iranienne, et plongea dans une récession dramatique. Parallèlement, l'appareil productif français ne pouvait répondre aux nouveaux besoins de consommation de nos concitoyens. Dès lors, la relance hexagonale constituait une aubaine pour les producteurs étrangers et une catastrophe pour l'économie française. Les résultats ne tardèrent d'ailleurs pas : dès 1982, l'inflation flamba à 15 %, le franc fut dévalué à plusieurs reprises et les taux d'intérêt augmentèrent fortement. Cela cassa l'investissement, puis la consommation, déjà affectée par la dégringolade du pouvoir d'achat. Le déficit extérieur atteignit des records, le déficit public aussi et la dette de l'État commença à flamber.

Ce triste épisode de l'histoire économique française se terminera en 1983. François Mitterrand dut alors choisir entre les deux termes d'un dilemme : soit il s'obstinait et poursuivait la relance, auquel cas la France devait sortir du SME (Système monétaire européen) et par là même de la construction européenne ; soit il revenait à la raison, faisait machine arrière et maintenait le pays dans le concert européen. Après moult hésitations, il choisit heureusement le second terme, mais dut par là même engager la France dans une phase de rigueur.

Trente ans plus tard, le second président de gauche de la Ve République est confronté au même dilemme. Avec une différence de taille : le monde du début des années 1980 n'existe plus. À l'époque, la dette publique française ne représentait qu'environ 20 % du PIB. En 2012, elle se rapproche de la barre des 100 %. En 1980, la croissance structurelle de la France était d'environ 2,5 %. Depuis la fin des années 2000, elle a plongé à 0,8 %. Enfin, en 1980, le taux de chômage français avoisinait 6,3 %.

En 2012, il atteint 11 %. C'est d'ailleurs grâce à ces différences majeures que Mitterrand a pu tenir une partie de ses promesses électorales et engager une relance massive et inappropriée. Il a du même coup ouvert la boîte de Pandore des déficits et de la dette, qui n'a jamais été refermée.

Pour Hollande, en 2012, la situation est donc bien plus grave. L'état de l'économie française et des finances publiques est tellement catastrophique que s'il s'obstine à augmenter les dépenses publiques, il est sûr d'entraîner la France dans une crise cataclysmique. Si Mitterrand a mis deux ans à revenir sur ses promesses de campagne, Hollande fit le même chemin en quelques semaines. Ainsi, pour éviter une très forte dégradation, dont la France et la zone euro ne pourraient se relever, Hollande décide d'oublier son programme électoral, de se déclarer social-démocrate et de mettre en place le Cice. C'est le début du divorce avec une partie de l'électorat de gauche.

Pour autant, François Hollande est dépourvu du courage d'un Gerhard Schröder, qui a engagé une véritable refonte de l'économie allemande. Lui va se contenter de réaliser des réformettes économiques cosmétiques, de manière à éviter une trop forte dégradation de la note de la France, tout en calmant les critiques allemandes et en essayant de ménager sa majorité. Dans tous les cas, la révolution annoncée accoucha d'une souris. C'est à chaque fois la même ritournelle : les changements à venir sont présentés comme révolutionnaires, mais s'avèrent n'être que des réformettes, voire des mesures contre-productives. Ainsi, en dépit des cadeaux apparents contenus dans le Cice et le pacte de responsabilité, la pression fiscale globale sur les entreprises françaises a augmenté. Ainsi, soumise à la validation des syndicats au sein des entreprises, la seule véritable avancée de la loi Macron, en l'occurrence l'élargissement de l'ouverture des commerces le dimanche, n'a quasiment pas vu le jour. L'exemple malheureux de la Fnac – dans l'impossibilité de l'appliquer faute d'accord avec les syndicats – nous l'a rappelé. Enfin, relativement appréciable dans sa première mouture, la loi Travail a finalement été vidée de sa substance. Le pire est que, malgré cette édulcoration, la loi Travail a suscité une forte et pitoyable vague de grèves et de manifestations, qui n'a pas manqué de freiner une économie déjà au ralenti. Un tel amateurisme gouvernemental, doublé d'un hermétisme maladif à la moindre réforme, commence vraiment à devenir inquiétant. À la rigueur, si les lois Macron et Travail avaient constitué des modernisations conséquentes de l'économie française et de son marché de l'emploi, on aurait pu comprendre un certain grincement de dents des syndicats.

Mais il n'en est rien, ces deux réformettes sont à des années-lumière des changements massifs menés dans la plupart des pays européens.

ABSENCE DE COURAGE

Quelle tristesse ! Ces lois, qui ont attisé les tensions sociales n'amélioreront qu'à la marge la compétitivité et le dynamisme de l'économie française. Autrement dit, quitte à avoir du monde dans la rue, autant engager de vraies réformes ! Malheureusement, les Français ne savent pas faire des réformes, seulement des révolutions. Défendant cet adage d'un autre temps, depuis trois décennies, les différents gouvernements de l'Hexagone ont refusé d'engager la réforme en profondeur de nos structures économiques. La succession infernale des diverses élections les a incités à ne rien faire. S'appuyant sur les sondages, les conseillers en tout genre trouvaient toujours une bonne raison pour laisser croire aux Français que tout finirait par s'arranger en augmentant les dépenses publiques.

L'absence de rupture économique, pourtant promise pendant la campagne présidentielle de 2007, n'a pas évité à Nicolas Sarkozy de perdre les élections de 2012. Bien entendu, la crise mondiale de 2008 pourrait constituer une circonstance atténuante. Mais c'est bien là le problème : il y a toujours des « bonnes » raisons pour retarder les réformes. Certes, quelques réformettes ont été menées ici ou là, mais rien à voir cependant avec la rupture annoncée.

Les gouvernements Ayrault et Valls n'ont, bien entendu, pas dérogé à la règle, en dépit là aussi de quelques réformettes insuffisantes pour relancer significativement la croissance française, mais suffisantes pour accroître le mécontentement général. Autrement dit, à force de vouloir faire plaisir à tout le monde, l'actuelle majorité, comme la précédente d'ailleurs, a réussi à ne satisfaire personne.

Sur la scène internationale, la France reste l'un des derniers pays de l'OCDE à refuser de renouveler son économie. Faute d'une mise à niveau vis-à-vis de ses partenaires, l'écart entre son laxisme budgétaire et la rigueur et la volonté de modernité des Allemands a continué de se creuser.

Les Allemands, les Anglais, les Italiens ou les Espagnols, voire les Grecs qui n'ont cessé de faire des réformes depuis des années sans trop rechigner, ne comprennent pas que les Français refusent encore d'aménager leur économie. Essayez de leur expliquer comment une petite frange de la population peut paralyser un grand et beau pays pour la défense de ses petits avantages. C'est perdu d'avance. Il faut se rendre à l'évidence : nos voisins européens ne sont plus prêts à accepter les dérives françaises.

Non contents de repousser une *vraie* loi Travail aux calendes grecques, François Hollande et son équipe ont décidé d'anticiper la période des cadeaux préélectoraux. Représentant déjà 57 % du PIB, la dépense publique va donc encore augmenter, au détriment de la rationalité économique, voire du bon sens mathématique : comment continuer à faire financer plus de 57 % du PIB de dépenses publiques par les 43 % restant dans le secteur privé ?

Pire, en 2016 et 2017, la croissance française restera faible. Dans ce cadre, les dépenses seront plus fortes qu'annoncées, et, de surcroît, les recettes fiscales seront nettement inférieures. D'où un creusement des déficits publics et in fine de la dette. Et si, pour le moment, les taux d'intérêt des obligations d'État restent excessivement bas, ils finiront forcément par remonter. Déjà fragile, la croissance sera encore diminuée et le chômage accru. D'où une nouvelle augmentation des déficits publics, donc davantage de dette... des taux d'intérêt en hausse... moins de croissance... encore des déficits... Autant d'évolutions qui finiront par susciter une crise sociale, voire une « crise grecque », qui imposera alors aux dirigeants quels qu'ils soient d'engager enfin le pays dans une véritable rupture. Nous y voilà donc, toutes les erreurs, pour ne pas dire les errements politiques, que nous subissons depuis trente ans approchent de leur but : la crise sociétale – ou encore une « révolution » – qui constituerait donc le seul moyen de réformer en profondeur le pays.

Seul hic, mais il est de taille : une « révolution », on sait quand elle commence, on ne sait pas quand et surtout comment elle se termine. Il serait donc beaucoup plus opportun d'engager le pays dans une véritable modernisation, expliquée aux Français avec pédagogie et indépendamment des partis pris politiciens.

Les hommes et femmes politiques en ont-ils la volonté et/ou le courage ? Pour le moment, la réponse est clairement négative et les programmes pour les élections présidentielles de 2017 ne font malheureusement que le confirmer.

4.
PRÉSIDENTIELLES 2017 : TRISTES PROGRAMMES ÉCONOMIQUES...

À l'heure où j'écris ces lignes, les candidats à la présidentielle de 2017 ne sont pas tous connus. Mais ce que nous savons de leurs programmes montre à quel point la classe politique française est décalée par rapport à la gravité de la situation économique nationale.

Commençons par le Front de gauche. Son programme, s'il était appliqué, plongerait la France dans un chaos inextricable... Ainsi, pour solutionner les problèmes hexagonaux, les mesures préconisées par Jean-Luc Mélenchon s'inscrivent dans la lignée du Parti communiste des années 1970. En effet, il veut taxer les gros revenus pour payer la dette publique, obliger les institutions financières à détenir des titres de ladite dette, imposer les exilés fiscaux, augmenter l'impôt sur la fortune et l'impôt sur les revenus du capital.

Il serait bon de rappeler au fils spirituel de Georges Marchais que les niveaux d'imposition des entreprises, du capital et des revenus font déjà partie des plus élevés du monde. Leur augmentation ne fera qu'accroître les flux d'investissements et les créations d'emplois à l'étranger. Elle casserait la croissance.

Mais ce n'est pas tout. Le Front de gauche prône aussi l'ingérence de l'État dans la gestion des entreprises françaises. Il pourrait mettre son veto à certaines décisions stratégiques – par exemple les investissements à l'étranger –, voire réorganiser certaines entreprises en coopératives. Formidable ! Ce serait le retour des kolkhozes, si chers à Staline et Khrouchtchev !

Verdict : 1 sur 10 pour M. Mélenchon, le zéro étant évité grâce à la création d'un grand établissement public de recherche technologique et industrielle.

Un peu plus haut sur l'échelle de la rationalité économique, et sans difficulté, nous trouvons le programme des Verts. Parmi les perles, notons la réduction du temps de travail moyen, l'instauration d'un revenu inconditionnel et une nouvelle protection sociale généralisée. Avec quel financement ? Personne ne le sait. Alors que les 35 heures ont prouvé leur inefficacité depuis une quinzaine d'années, le passage à 32 heures aggraverait encore la situation.

Seule mesure audacieuse et viable d'EE-LV, la mutualisation des dettes publiques de la zone euro, avec la création d'Eurobonds (obligations fédérales de l'UEM). Malheureusement, vu l'état actuel de la zone euro, cette réalisation paraît très peu probable. Conclusion : 3 sur 10 pour les Verts.

Une note identique peut s'appliquer au programme du Front National. Et ce principalement parce qu'il défend la fin de l'euro et le retour au franc. Pour ce faire, il imposerait le contrôle des changes et la fermeture partielle des frontières économiques, sans oublier la monétisation massive de la dette publique par la Banque de France.

Ces mesures, dont le seul mérite est leur cohérence, entraîneraient la France et la zone euro dans un véritable trou noir, bien plus dramatique que le Brexit.

Tout d'abord, il faudrait choisir un taux de conversion entre l'euro et le nouveau franc. Si, pour des raisons de simplification comptable, le taux de 1 pour 1 était choisi (en 1999, 6,56 francs équivalaient à 1 euro), cela se traduirait par une forte baisse du pouvoir d'achat et un appauvrissement massif des épargnants nationaux. Cette transition nécessiterait évidemment du temps, il faudrait adapter la comptabilité bancaire puis émettre de nouveaux moyens de paiement. Rappelons-nous que la mise aux normes des systèmes informatiques des banques lors du passage à l'euro en 1999 a pris environ deux ans. Quant aux pièces et billets, ils ne sont arrivés dans les mains des citoyens que trois ans plus tard. Le chemin inverse constituerait un vrai casse-tête, avec toutes les confusions, les erreurs et les valses d'étiquettes que cela engendrerait.

Mais ceci ne serait presque rien comparativement à ce qui suivrait. Car, si la France quittait la zone euro, elle ne bénéficierait plus de sa « protection », notamment en matière d'évolution des taux d'intérêt des obligations d'État. Ainsi, les taux d'intérêt auxquels elle emprunte flamberaient, pour atteindre au moins 8 % pour les prêts à dix ans. Au-delà de l'aggravation du déficit et de la dette, cette tension dramatique susciterait un écroulement de l'investissement et de la consommation, donc une aggravation de la récession.

Pour tenter de stopper l'hémorragie, le gouvernement Front national serait alors obligé de rétablir le contrôle des changes et d'augmenter drastiquement les droits de douane. Autrement dit, les Français ne pourraient sortir leurs deniers de l'Hexagone sans autorisation de la Banque de France. Peu importe, nous dit le Front National, puisque cela permettrait de taxer les patrimoines au maximum sans possibilité d'échappatoire. De plus, la Banque de France devrait également activer la « planche à billets » et monétiser la dette publique. Ce scénario pourrait paraître idyllique à certains nostalgiques du passé. Mais la crédibilité du pays en sortirait amoindrie sur la scène internationale. Déjà « à fleur de peau », les populations défavorisées deviendraient incontrôlables, ce qui finirait par provoquer des émeutes, voire une guerre civile.

Enfin, pour couronner le tout, cette sortie engendrerait l'explosion de la zone euro. Ses anciens membres devraient, pour la plupart, chercher à financer leurs déficits en dehors des marchés traditionnels. Certains se tourneraient sans doute vers les seuls pays disposant aujourd'hui de liquidités importantes, ceux du monde émergent. Toujours à l'affût des bonnes opportunités, la Chine par exemple, pourrait saisir l'occasion d'investir massivement en Europe. Face à une telle menace de domination, les États-Unis ne resteraient évidemment pas les bras croisés, y compris militairement...

Le Front national, tout comme le Front de gauche d'ailleurs, ne propose pas la fin d'un monde, mais la fin du monde...

Analysons maintenant le programme des partis dits de gouvernement.

Commençons par le Parti socialiste. Il veut accentuer la lutte contre l'évasion et la fraude fiscale. D'accord ! Il promet de fusionner la contribution sociale généralisée (CSG) et l'impôt sur le revenu dans un impôt sur le revenu individualisé, prélevé à la source. Pourquoi pas ? Mais rien n'est dit sur le niveau de cet impôt. Donc attention à la tentation du toujours plus d'impôts « à la Mélenchon » ! D'autant que le PS souhaite créer environ 600 000 emplois publics d'ici 2020.

Son volet européen sauve le programme du PS. Il propose, en effet, de réorienter le rôle de la Banque centrale européenne pour privilégier l'emploi et la croissance, favoriser une parité plus équilibrée de l'euro vis-à-vis du dollar et du yuan, et mettre en place des euro-obligations (eurobonds) afin de mutualiser la dette européenne. Ces trois mesures paraissent opportunes. Reste à savoir si la France à nouveau dirigée par le PS aurait le poids politique pour les imposer...

Au total, je créditerai donc le programme des socialistes d'un 5 sur 10.

Aux centristes de l'UDI j'accorderai un 6 sur 10, car elle propose la simplification et l'adaptation du code du travail aux réalités économiques afin de faciliter les embauches et améliorer la compétitivité. On attend néanmoins un peu plus de précisions. L'UDI annonce aussi une baisse des dépenses publiques de fonctionnement. C'est bien, mais on aimerait une vraie refonte du secteur public français.

Et les Républicains ? Tout dépendra du gagnant de la primaire. Au moment où j'écris ce livre, le programme de François Fillon apparaît le plus proche de la thérapie de choc que je préconise pour sauver l'économie française. La seule question est de savoir s'il en aura le courage. Je le créditerai néanmoins d'un 7/10, contre 6/10 pour le programme d'Alain Juppé, qui paraît peu ambitieux sur le front économique. Quant à Nicolas Sarkozy, il nous avait promis la rupture en 2007. Nous l'attendons toujours...

En conclusion, à l'image des mesures économiques nationales prises depuis une vingtaine d'années, les programmes de 2017 n'intègrent toujours pas les défis du monde de demain.

Dommage. Car il y a une quinzaine d'années, la France et ses partenaires européens pouvaient encore imposer leur voix sur la scène planétaire. Désormais leurs pouvoirs économiques, financiers et politiques fondent comme neige au soleil.

ÉPISODE II

QUI SONT LES NOUVEAUX MAÎTRES DU MONDE ?

5.
REDISTRIBUTION DES CARTES

Un des changements les plus marquants de ces dernières années est aussi la pierre angulaire de la fin d'un monde : depuis 2008, les pays dits « développés » représentent moins de 50 % de la richesse annuelle mondiale. Jusqu'au début des années 1990, leur poids dans le PIB planétaire[5] était encore d'environ 64 %. Il est tombé à 46,3 % en 2010 puis à 42 % en 2015-2016, et pourrait atteindre 39 % à partir de 2020 selon les projections du FMI[6]. Les pays développés ne sont plus les locomotives de la croissance mondiale depuis le début des années 2000, et leur contribution ne cesse de s'étioler. Depuis une quinzaine d'années, les pays dits « émergents » réalisent environ 80 % de la croissance internationale. Et pourtant ! En dépit de ces évolutions imparables, les dirigeants des pays dits « riches » n'arrivent toujours pas à conceptualiser la nouvelle donne mondiale. Encore dernièrement, le Président français a osé annoncer que le ralentissement de la croissance en Chine et dans de nombreux pays émergents n'aurait quasiment pas d'impact sur la croissance des pays occidentaux, et notamment sur celle de la France. Quel manque de discernement ! Quel déni de réalité !

Jusqu'à la fin des années 1990, lorsque les pays développés éternuaient, les pays émergents s'enrhumaient, voire attrapaient la grippe. Depuis les années 2000, c'est exactement le contraire. En 2008-2009, pour la première fois dans l'histoire contemporaine, le monde développé a sombré dans une grave récession tandis que la sphère émergente a continué de croître. Pour 2016 et 2017, il en sera de même, dans la mesure où de nombreux pays émergents disposent de marges de manœuvre

5. Calculé par le FMI en parités de pouvoir d'achat, c'est-à-dire en isolant les différences de taux d'inflation entre les différents pays et zones de la planète.
6. Pour plus de détails, voir les tableaux en annexe page 209.

importantes pour relancer la machine – notamment d'un point de vue budgétaire et monétaire –, alors que les pays riches ont déjà utilisé toutes leurs cartouches.

De plus, n'oublions pas que la puissance économique des pays émergents leur a également conféré un poids financier qui transparaît, notamment à travers des réserves de change pléthoriques, stockées dans leurs banques centrales. Ces pays bénéficient aussi de l'assise colossale de leurs fonds souverains. Ces véritables fonds d'État, qui gèrent des excédents publics, sont généralement le produit de rentes – le pétrole pour les pays du Golfe, par exemple –, d'excédents commerciaux – des entreprises publiques chinoises, par exemple – ou encore, très rarement, d'excédents de comptes publics.

Si l'on ajoute les sommes colossales récoltées dans les fonds privés, on obtient environ 5 000 milliards de dollars disponibles pour le seul monde émergent. Loin de subir le diktat des pays développés, les émergents sont en train de devenir les créanciers de leurs « aînés ». Tel est le revers de la médaille de la mondialisation.

Au niveau des entreprises occidentales, dont la valeur a été injustement abaissée par la crise, ou au niveau des États, le besoin de fonds prêtables et/ou d'investisseurs est énorme. Or, qui dispose encore de liquidités aujourd'hui ? Les fonds souverains et les fonds privés du monde émergent. Lorsque l'on voit comment la Grèce et la France ont ouvert la porte, l'une à la Chine, et l'autre au Qatar, on se pose des questions. Évidemment, à court terme, tout le monde est content : les pays en recherche de liquidités – notamment pour financer leurs excès de dette – et les pays en quête de bonnes affaires. Seulement voilà, à moyen terme, ces « échanges » se traduiront forcément par une perte d'indépendance pour les pays débiteurs. Dans la gestion des conflits à venir, les Chinois ou les Qataris seront certainement beaucoup moins conciliants que les Américains ou les Allemands au cours des trente dernières années...

Bien entendu, la domination actuelle et à venir des pays dits émergents ne signifie pas que leur niveau de vie est supérieur à celui des pays développés. Loin s'en faut. De même, la stabilité politique et sociale reste l'une des grandes carences du monde émergent. En témoignent les fortes tensions qui persistent dans les pays africains ou sud-américains.

LE BRÉSIL DANS LA TOURMENTE

L'exemple du Brésil est tout à fait symptomatique de cette instabilité et de la rapidité avec laquelle un fort retour en arrière peut se produire En regardant les statistiques récentes de l'économie brésilienne ou en arpentant les rues de Rio, Sao Paulo ou Brasilia, une remarque s'impose : quel gâchis !

Il y a encore quelques trimestres, forte d'une croissance élevée, d'un chômage en baisse et d'une inflation sous contrôle, l'économie brésilienne faisait des jaloux. Depuis l'été 2015, elle semble au bord du gouffre.

Ainsi, le glissement annuel de son PIB est passé de 9,1 % au premier trimestre 2010 à 3,8 % au deuxième trimestre 2013, à 2,5 % au premier trimestre 2014 pour s'effondrer à – 6 % au quatrième trimestre 2015, un niveau qui se maintient depuis[7].

Parallèlement, le réal, la monnaie brésilienne, s'est effondré, suscitant une flambée des prix. Cette dérive inflationniste est d'autant plus problématique qu'elle intervient dans un contexte de baisse des cours des matières premières et de désinflation mondiale.

Dès lors, déjà particulièrement affaibli par un chômage en forte hausse, le pouvoir d'achat des ménages s'est encore dégradé, réduisant davantage leurs dépenses de consommation et d'investissement déjà en baisse depuis le début de 2015.

De plus, la piètre crédibilité de la présidente Dilma Rousseff a pesé négativement sur les projets d'investissement des entreprises, alimentant la faiblesse de l'emploi, donc la hausse du chômage, puis l'atonie de la consommation. Le mécanisme pernicieux a continué jusqu'à la lie.

Comment en est-on arrivé là ?

La réponse tient en cinq points principaux :

1. Le Brésil n'a pas su transformer l'essai de la croissance soutenue de l'ère Lula. Il s'est contenté de la fonder trop fortement sur la flambée des cours des matières premières. Leur effondrement a entraîné celui du château de cartes de l'économie brésilienne.
2. Le taux d'investissement dans l'industrie est resté trop faible : 18 % contre 30 % en Inde et 50 % en Chine. Or, sans investissement dynamique, pas de croissance forte et durable.
3. Le Brésil n'a pas su contrôler le real, devenu trop fort en 2010-2013, entraînant une dégringolade des exportations, déjà affaiblies par la baisse des cours des matières premières.
4. Dilma Rousseff a été incapable de maîtriser la dépense publique, instaurant un nouveau système de corruption et laissant ainsi la dette publique flamber. Conséquence logique de ces dérapages, le Brésil a été relégué dès octobre 2015 dans la catégorie

7. Voir le graphique « La Chine résiste, mais le Brésil s'effondre » en annexe page 210.

« spéculative » par Standard & Poor's ; les agences Moody's et Fitch ont abaissé dans la foulée la note de sa dette souveraine au dernier degré de leurs catégories d'investissement.

5. Malgré l'avènement d'une classe moyenne, la pauvreté est restée forte et les tensions sociales très élevées. Le taux de pauvreté, estimé à 28 % en 2014, a vraisemblablement dépassé les 30 % en 2015.

Pour autant, il ne faudrait pas jeter le bébé avec l'eau du bain. En effet, si le Brésil a traversé une mauvaise passe, ses fondamentaux économico-financiers restent appréciables. À commencer par des réserves de change d'environ 360 milliards de dollars, soit quasiment 20 % de son PIB.

À titre de comparaison, la France dispose de 136 milliards de dollars de réserves de change, soit 5,7 % de son PIB[8]

De plus, si la crise politique actuelle débouche sur l'accession au pouvoir d'une équipe plus compétente et plus transparente (comme cela s'est par exemple observé en Argentine), que celle de la présidente déchue Dilma Rousseff, la confiance des entreprises et des ménages pourrait rapidement revenir. Des projets d'investissement n'attendent qu'un horizon politique plus clair pour redémarrer.

En outre, la forte dépréciation du real ne devrait pas manquer de relancer les exportations et les flux d'investissements étrangers en quête de bonnes affaires.

Autrement dit, en dépit de ses récents déboires, le Brésil reste un « risque à courir » à moyen terme, d'autant qu'avec le niveau actuel du réal les opportunités sont nombreuses.

Il est à l'image de l'ensemble des pays émergents, qui plient mais ne rompent pas, à condition que la stabilité politique s'impose. Ils resteront donc des moteurs de la croissance mondiale et imposeront de plus en plus leurs visions et leurs décisions au reste de la planète.

Si les pays développés continuent de l'ignorer, ils risquent de se réveiller bientôt avec la « gueule de bois ».

8. Voir le détail des principales réserves de change en annexe page 210.

6.
LA CHINE FIXE LES RÈGLES

Le monde émergent compte désormais un leader planétaire : la Chine. En 1980, le PIB de l'empire du Milieu représentait 2 % de la richesse mondiale (mesurée en parités de pouvoir d'achat). Aujourd'hui, il en représente près de 18 %, deux points de plus que les États-Unis ! La Chine est devenue la première puissance économique. Demain, elle occupera également ce rang sur les fronts financiers et politiques. Les conséquences pourraient s'avérer dramatiques pour ceux qui n'auraient pas anticipé sa montée en puissance.

La Chine est sans cesse décriée, souvent présentée comme au bord du gouffre, voire en proie à un rapide déclin. Pourtant, elle ne cesse de nous surprendre. Déjouant les pronostics, elle est toujours là, et bien là. Alors que l'Europe entre dans une zone d'incertitude suite au Brexit, pendant que la Fed souffle le chaud et le froid sur sa politique monétaire et que les Français restent engoncés dans la croissance molle, la Chine continue son grand bonhomme de chemin, alliant croissance appréciable et inflation maîtrisée.

Ainsi, non contente d'avoir laissé les pays développés s'enfoncer seuls dans la récession, suite à la crise de 2008-2009, l'empire du Milieu continue de faire preuve d'un dynamisme à toute épreuve. Il reste, sans conteste, *la* locomotive structurelle de la croissance mondiale.

Et pour cause : bien loin des prévisions des Cassandre qui annonçaient son effondrement dès 2015, la croissance chinoise s'est stabilisée à un niveau plus que satisfaisant d'environ 6,5 %. Pas mal pour un pays en déclin !

Les mauvaises langues diront que la barre des 8 % est désormais inaccessible. Peut-être, mais n'oublions pas que le ralentissement de l'économie chinoise a été souhaité par les autorités du pays de manière à éviter la surchauffe.

De plus, même avec une croissance d'environ 6,5 % sur l'ensemble de l'année 2016, la Chine va apporter une contribution de 1 point à la croissance mondiale, soit un tiers de celle-ci. Cette situation n'est d'ailleurs pas nouvelle. Depuis dix ans, la Chine contribue chaque année pour 1,3 point en moyenne à la progression annuelle du PIB de la planète. Sur la même période, la contribution moyenne des États-Unis s'est élevée à 0,4 point, celle de la zone euro à 0,2 point et celle du Japon à 0,1 point. La Chine est donc devenue de facto la locomotive indéfectible de la croissance internationale.

On objecte souvent que seuls 450 millions de Chinois vivent correctement, selon les normes occidentales, laissant ainsi sur le bord de la route plus de 900 millions de personnes. La Chine balaie d'un revers de main cette critique, en arguant de son potentiel de croissance. Sachant qu'en 2000, seuls 100 millions de Chinois vivaient correctement, on comprend que là-bas tout est possible.

C'est d'ailleurs là que réside l'une des grandes erreurs des économistes qui prévoyaient l'écroulement de la Chine en 2009, puis en 2011 et enfin en 2014-2015.

Selon eux, la crise mondiale ne pouvait qu'enfoncer cet immense pays dont le dynamisme était essentiellement fondé sur les exportations. Un jugement totalement erroné, car le premier moteur de la croissance chinoise est désormais la demande intérieure, en particulier l'investissement des entreprises et la consommation des ménages. Depuis le printemps 2004, le glissement annuel des ventes au détail oscille entre 10 % et 23 % !

Bien entendu, tout n'est pas rose en Chine. La tempête boursière du printemps et de l'été 2015 l'a rappelé. D'aucuns annoncent même comme inévitable une crise démographique et/ou démocratique, et/ou financière. Ils ont certainement raison, car les crises font forcément partie du développement économique.

En fait, la fébrilité des marchés financiers et de l'ensemble des économies internationales à la suite du ralentissement chinois de l'été 2015 illustre de manière frappante l'importance de la Chine pour l'avenir de la planète.

D'ailleurs, si ce pays sème la panique sur les marchés, c'est aussi pour mieux se renforcer. Ne l'oublions jamais : les autorités chinoises disposent d'un sens de l'anticipation très développé. Pendant que les Occidentaux peinent à se transposer vers un horizon de six mois, les Chinois n'hésitent pas à faire des prévisions à dix ans, voire sur plusieurs décennies. En partie grâce à cette vision de long terme, ils ont pu connaître une croissance exceptionnelle et quasiment ininterrompue depuis trente-cinq ans. De 1980 à 2015, le PIB chinois a ainsi progressé de 2 483 % en volume, c'est-à-dire hors inflation (selon les statistiques du FMI). Sur la même période, l'augmentation du PIB réel atteint 741 % en Inde, 157 % aux États-Unis et 84 % en France. C'est dire l'ampleur du « miracle » chinois et… celle du déclin français ! Car, même si la Chine, partie de très bas, peut plus facilement progresser, la croissance française reste moitié moindre que celle des États-Unis…

Conséquence logique de ce rattrapage détonant, la part de la Chine dans le PIB mondial a été multipliée par neuf en moins de quarante ans. Celle de l'Inde est passée de 3 à 7,1 %, celle des États-Unis de 22,1 à 16,1 % et celle de la France de 4,5 à 2,3 % !

Seulement voilà, les arbres ne montent pas au ciel, même les séquoias. Autrement dit, depuis une dizaine d'années, les Chinois savent qu'une crise financière et une crise de croissance sont inévitables.

ILS SONT FORTS, TRÈS FORTS, CES CHINOIS !

Ils disposent d'ores et déjà d'au moins cinq airbags pour éviter une crise durable. Les deux premiers résident dans une épargne et un investissement très élevés. Ces deux moteurs économiques représentent respectivement 50 % et 47 % du PIB chinois. Le troisième est relatif à la faiblesse de l'endettement public qui avoisine les 20 % du PIB. Autrement dit, en cas de coup dur, Pékin pourra actionner sans difficulté l'arme du déficit public.

Mais, surtout, conformément à leur sens aigu de l'anticipation, les Chinois ont également confectionné deux autres airbags, qui sont en fait des armes déterminantes à utiliser en cas de difficultés économiques et, surtout, de crise. En l'occurrence, un taux de change manipulable à l'envi et des réserves de change ayant atteint un sommet de 4 100 milliards de dollars à l'été 2014.

Depuis ce pic et a fortiori avec le début de la crise boursière des printemps-été 2015, les autorités chinoises ont puisé environ 800 milliards de dollars dans leurs réserves de change pour stopper l'hémorragie. Voilà pourquoi leur ralentissement a été modéré, alors que d'autres pays émergents ont souffert davantage, tel le Brésil par exemple.

Néanmoins, pour éviter tout nouveau danger, et notamment pour enrayer le ralentissement de leur croissance, les Chinois ne se sont pas arrêtés là. Depuis le printemps 2014, et surtout depuis août 2015, ils activent régulièrement l'arme du taux de change, ils dévaluent. Ainsi, il fallait 6 yuans pour 1 dollar début 2014, 6,60 début 2016 et autour de 6,50 depuis le printemps 2016. Cette dépréciation de près de 10 % est certes notable, mais tout à fait logique et prévisible.

Les Chinois de 2015 ne sont pas les Japonais de la fin des années 1980, qui avaient accepté d'apprécier fortement le yen – passant de 200 à 80 yens pour 1 dollar en quelques trimestres – pour faire plaisir aux Américains et aux Européens, pensant du même coup transformer leur pays en première puissance mondiale. Cette décision fut une erreur stratégique fatale. Elle constitua le point de départ d'une descente aux enfers que les plus grands *Bears* – les « ours », c'est-à-dire les investisseurs qui anticipent une baisse des marchés boursiers – de l'époque n'auraient pu imaginer. Et pour cause : immobilières, boursières ou bancaires, toutes les bulles formées dans l'Archipel éclatèrent les unes après les autres, plongeant le Japon dans une crise et une déflation dont il subit encore les conséquences.

Bien loin de ce « péché d'orgueil », doublé d'un manque de discernement dramatique, les autorités chinoises refusent d'obéir aux Occidentaux, qui leur réclament une forte appréciation du yuan depuis des années. Elles ont désormais choisi de faire le contraire, confirmant encore la disparition de la domination occidentale sur le monde...

Certes, à ce niveau – 6,50 yuans pour 1 dollar –, la devise chinoise ne fait que retrouver celui de 2012. Jusqu'en 2005, il fallait d'ailleurs 8,3 yuans pour 1 dollar. La dépréciation du renminbi (nom officiel de la monnaie chinoise, qui signifie « monnaie du peuple ») n'est donc pas exagérée. Pour autant, comparativement à une parité de pouvoir d'achat de 3,5 yuans pour 1 dollar, la devise chinoise reste largement sous-évaluée.

Le pire est que les Chinois n'ont pas fondamentalement besoin d'une telle sous-évaluation dans la mesure où 70 % de leurs exportations sont des produits à contenu technologique. Néanmoins, Pékin veut simplement montrer au monde qu'il fera tout pour soutenir sa croissance et qu'il ne se laissera rien imposer de l'extérieur. Autrement dit, en plus de sa puissance économique, financière et militaire, la Chine veut affirmer une véritable puissance politique[9].

Plus fondamentalement, la décision des Chinois confirme qu'à l'instar des Américains depuis 1971, ils ont désormais décidé d'utiliser massivement l'arme du taux de change pour soutenir leur économie,

9. Des tableaux détaillés des performances économiques passées et à venir de la Chine sont présentés en annexe page 211.

au détriment du reste du monde. Et notamment de l'Europe qui, en dépit d'une petite reprise, reste engoncée dans la croissance molle et ne pourra supporter une réappréciation durable de l'euro. La dévaluation du yuan est dangereuse. Si elle a permis d'améliorer la croissance chinoise, elle a aussi mécaniquement cassé celle de nombreux pays à travers la planète. De plus, elle marque le début d'une guerre des devises qui mettra à mal la stabilité économique et financière internationale.

Comme souvent depuis la fin des années 1990, le grand perdant risque d'être la zone euro qui, contrairement aux États-Unis, ne bénéficie pas d'une croissance appréciable, d'un taux de chômage de plein-emploi et de l'arme du taux de change.

Face à la force et au volontarisme chinois, les atermoiements pitoyables et réguliers des Eurolandais autour du dossier grec, et a fortiori les difficultés françaises pour essayer de mettre en place la moindre réformette, apparaissent vraiment ridicules. Ils prouvent une fois encore que la France et plus globalement le Vieux Continent, en attendant peut-être un jour les États-Unis, sont vraiment largués...

7.
PÉTROLE MOINS CHER : UNE VRAIE BONNE NOUVELLE ?

Autre exemple de l'hégémonie chinoise : les cours du pétrole et des matières premières se sont effondrés à la suite du ralentissement économique chinois. Dans un autre monde, du moins jusqu'à la fin des années 2000, une telle baisse aurait suscité un engouement planétaire. Les marchés boursiers auraient flambé, dopés par la baisse de l'inflation et le rebond prévisible de la croissance engendré par la chute des cours des matières premières. Or, c'est le contraire qui s'est produit en 2015 et 2016. À tel point que la baisse des cours pétroliers a entraîné celle des indices boursiers, et inversement. Certains préfèrent toujours voir le verre à moitié vide plutôt qu'à moitié plein. En effet, lorsque le baril de brut valait plus de 100 dollars et a fortiori lorsqu'il atteignait des sommets à 150 dollars, les « spécialistes » de l'or noir prédisaient une flambée catastrophique, soutenant que le prix normal du baril se situait aux alentours des 250 dollars... Aujourd'hui, alors que le baril fluctue autour des 45 dollars, les mêmes « analystes » – par charité, nous ne donnerons pas de noms, une rapide recherche sur Google permettra de les identifier –, rejoints d'ailleurs par beaucoup d'autres, annoncent un effondrement de la croissance mondiale, ainsi que la poursuite de la dégringolade du prix du pétrole... Où est la vérité ? Certainement pas dans les déclarations et prévisions de ces soi-disant « spécialistes du pétrole » qui disent tout et n'importe quoi. De ce point de vue, le monde n'a d'ailleurs pas complètement changé...

Très humblement, j'essaie simplement de faire mes analyses et mes prévisions en fonction des réalités économiques. Mon pragmatisme et mon indépendance m'ont permis d'annoncer, en juillet 2008, que le baril à 150 dollars de l'époque n'avait aucun sens et qu'il allait fortement chuter.

Il tomba d'ailleurs à 34 dollars, six mois plus tard. De même, depuis 2010, j'annonce que l'augmentation du prix du baril sera modérée, grâce à une croissance mondiale stabilisée entre 3 et 4 % et à l'augmentation de la production énergétique mondiale. Il devrait s'équilibrer autour des 100 dollars, dans une fourchette comprise entre 80 et 110 dollars. En 2015, le jalon bas de cette fourchette a été largement enfoncé, amenant certains à craindre le pire. En fait, il n'y a aucune raison de s'inquiéter : le repli du prix du baril est principalement une conséquence du ralentissement économique passé, alors que la production pétrolière et énergétique a continué de progresser. Il n'est donc absolument pas annonciateur d'un écroulement de l'activité économique de la planète. Et pour cause : lorsque le prix du baril augmente de 10 dollars, la croissance mondiale se retrouve amputée de 0,4 point. À l'inverse, lorsqu'il baisse de 10 dollars, le gain de croissance planétaire atteint 0,4 point. Autrement dit, grâce à la baisse du prix du baril et à son corollaire, le repli des cours des principales matières premières, la croissance mondiale pourra se stabiliser durablement autour des 3 %.

La baisse des prix de l'or noir entraîne trois conséquences, toutes positives, sur l'économie mondiale. Primo, le pouvoir d'achat des ménages est amélioré, leur permettant ainsi de consommer davantage. Secundo, les coûts de production des entreprises étant réduits, elles deviennent plus rentables, ce qui les incite à investir et à embaucher. Tertio, l'horizon global s'améliore par voie de conséquence, alimentant un cercle vertueux revenu-consommation-investissement-emploi. Avec en bonus, une quatrième conséquence, elle aussi positive, la diminution des ressources financières de certains pays ennemis de la démocratie, qui subventionnent le terrorisme et tentent de nuire à la stabilité économico-politique mondiale. En fait, il n'existe qu'un seul effet pervers à la baisse des cours pétroliers : un moindre intérêt pour le développement des énergies alternatives à l'or noir. Étant plus onéreuses, elles ne sont pas rentables avec un baril inférieur à 70 dollars. Pour autant, comme cela s'est observé au printemps 2016, le prix du pétrole devrait encore remonter.

En effet, la population mondiale augmentera tendanciellement d'environ 1 % par an au cours des deux prochaines décennies. Elle devrait ainsi atteindre 9 milliards d'habitants d'ici 2030. Dans le même temps, le niveau de vie s'améliore à travers le monde. Comme nous l'avons vu dans le chapitre précédent, on estime par exemple que le nombre de Chinois vivant correctement selon des standards occidentaux passera d'environ 450 millions aujourd'hui, à 600 millions en 2020. Les habitudes de consommation vont inévitablement changer, elles nécessiteront de plus en plus de matières premières énergétiques et alimentaires, notamment plus de pétrole, plus de viande, plus de blé... Sauf en cas de guerre nucléaire ou de pandémie planétaire, la demande mondiale de produits énergétiques, et plus globalement de matières premières, va continuer de croître significativement dans les prochaines années. Dès lors, dans la mesure où elles sont physiquement limitées, il est inévitable que leurs prix continueront de progresser.

Le véritable moyen de freiner la flambée des cours des matières premières réside donc toujours dans la capacité à innover. Il faut engager le monde dans une double révolution technologique : celle des NTE (nouvelles technologies de l'énergie) et celle des NTA (nouvelles technologies de l'agro-alimentaire). Cette double mutation permettra tout d'abord d'optimiser les ressources naturelles et d'accompagner le développement de la planète en réduisant les risques de pénuries. Ensuite, elle assurera une période durable de croissance forte, créatrice d'emplois et de revenus. Enfin, elle se traduira par une réduction des tensions sociales et un monde moins belliqueux.

Alors, vive la baisse des cours du pétrole et vivement l'avènement d'une économie mondiale plus forte et moins dépendante de l'or noir ?

En attendant, en dépit de la remontée de 2016, la faiblesse des cours du pétrole engendre une inquiétude de taille sur la locomotive du monde développé, en l'occurrence les États-Unis. En effet, pour doper leur économie et devenir indépendants énergétiquement, ils ont dépensé sans compter dans l'exploitation du gaz de schiste. Or, cette nouvelle source d'énergie n'est pas rentable avec un baril inférieur à 70 dollars. Elle est donc actuellement dangereuse au plan économique pour ses promoteurs qui se sont endettés fortement afin de la promouvoir.

Si le pétrole reste bon marché – inférieur à 70 dollars le baril –, ce qui est très probable jusqu'en 2017, des défauts de paiement, voire des faillites d'entreprises américaines de gaz de schiste, pourraient relancer mécaniquement la crise de la dette privée et publique, puisque l'État américain s'est souvent porté garant de ces investissements. D'ores et déjà, les derniers indicateurs avancés montrent que l'industrie des États-Unis se trouve au bord de la récession.

8.
LES ÉTATS-UNIS NE SONT PLUS À LA HAUTEUR

C'est l'un des grands drames de ces dernières années : pendant que la Chine et l'Inde deviennent les locomotives de la planète, les États-Unis ne savent plus faire de croissance forte. Avec Obama, ils se sont même « européanisés », s'auto-condamnant à la mollesse économique. S'ils ne se réveillent pas rapidement, ils perdront leur suprématie mondiale au cours des quinze prochaines années. Ralentissement des créations d'emplois, remontée du déficit extérieur, déficits publics élevés et augmentation de la dette, rechute des indicateurs des directeurs d'achat et des carnets de commandes... À l'évidence, le dynamisme économique américain n'est plus ce qu'il était. L'observation du PIB des États-Unis au cours des quatre derniers cycles est d'ailleurs sans appel. En effet, entre le début de la dernière récession, au quatrième trimestre 2007, et le deuxième trimestre 2016[10], le PIB américain n'a progressé que de 10,6 %. Or, à ce stade du cycle (en l'occurrence trente-trois trimestres après le début de la récession), le PIB avait progressé de 30,2 % à la suite de la récession de 1980, de 32,1 % après celle de 1990, et de 13,2 % lors du cycle de 2000. Il faut d'ailleurs noter que lors de ce dernier cycle, le PIB américain avait déjà amorcé sa rechute depuis quatre trimestres, annonçant la récession de 2007. C'est dire l'ampleur du temps perdu mais aussi des risques à venir... Bien entendu, il pourrait encore être possible de lire ce comparatif avec optimisme, en soulignant l'étendue du potentiel de rattrapage, donc de la vigueur qui attend l'économie américaine au cours des prochains trimestres. Pour autant, compte tenu du repli de la plupart des indicateurs avancés de la conjoncture outre-Atlantique ces derniers mois, il est malheureusement impossible d'anticiper un retour rapide d'une croissance forte et durable.

10. Derniers comptes nationaux connus.

Pire : faute d'avoir augmenté ses taux directeurs lorsqu'elle en avait l'occasion, la Fed est aujourd'hui contrainte de maintenir le statu quo monétaire. Elle pourra ainsi accompagner le ralentissement, mais sera incapable de relancer la machine en cas de besoin puisqu'elle n'a plus de flèche à son arc. À la rigueur, elle pourrait encore actionner la « planche à billets », mais celle-ci ne viendrait qu'alimenter la « trappe à liquidités », installée depuis quelques mois outre-Atlantique. Autrement dit, si les investisseurs et les marchés se félicitent pour le moment du statu quo durable de la Fed, ils vont rapidement comprendre que cette stratégie a condamné les États-Unis à la croissance molle pour encore quelques années. La politique d'Obama, elle aussi, a affaibli la vigueur légendaire de l'économie de l'Oncle Sam. En effet, habituellement, en phase de reprise, la croissance américaine atteint durablement des niveaux de 4 %, permettant notamment au déficit public de baisser fortement, voire de laisser place à un excédent, comme par exemple de 1998 à 2000. Or, dans le cycle actuel, il n'en est rien. Avec une croissance inférieure à 2,5 %, le déficit public ne parvient plus à passer sous la barre des 4 %. Dans ce cadre, la dette publique continue d'augmenter, atteignant jusqu'à 107 % du PIB cette année.

En d'autres termes, en élisant Barack Obama, les Américains ont réussi en partie à changer leur image d'un point de vue social et diplomatique. Néanmoins, ils ont également cassé leur principal atout : le dynamisme économique. Pour faire simple, en augmentant les dépenses publiques et les impôts, ils ont automatiquement abaissé leur croissance structurelle. Ce recul pourrait être lourd de conséquence.

LE COLOSSE AUX PIEDS D'ARGILE

L'irruption de Donald Trump dans la course à la présidentielle indique qu'un vent protectionniste, voire isolationniste, commence à souffler outre-Atlantique. Comment en est-on arrivé là et, surtout, comment allons-nous en sortir ? Ne nous leurrons pas, si Donald Trump est élu président des États-Unis et applique son programme à la lettre, la planète connaîtra un chamboulement majeur, tant d'un point de vue géopolitique qu'économique, ou encore financier. Gardons-nous cependant de tout anti-américanisme primaire. Car, face aux résultats du Front national au premier tour des dernières élections régionales et au score de Marine Le Pen dans les sondages pour la présidentielle de 2017, les Français n'ont aucune leçon à donner aux Américains. Deux raisons principales expliquent le nombre croissant d'Américains, mais aussi de Français et d'Européens, tentés par les discours protectionnistes, voire extrémistes et simplificateurs. Primo, leur perte de confiance dans des institutions incapables de générer de la croissance forte et durable. Secundo, découlant de ces manquements, leur peur de l'avenir. Que les aficionados de l'Oncle Sam soient cependant rassurés, il dispose encore d'un potentiel de réaction conséquent. Et souvent dans l'adversité, les Américains donnent le meilleur d'eux-mêmes. On l'a observé dans les années 1980, lors de la dernière crise économique, comparable à celle que nous avons connue en 2007-2009. À l'époque, la prévision consensuelle annonçait la fin imminente de la puissance économique américaine, notamment au profit du Japon. Ce déclin semblait aggravé après l'élection à la Maison-Blanche d'un ancien acteur de série B, qui semblait loin d'être compétent. Et pourtant, contre toute attente, Ronald Reagan a réussi à remettre les États-Unis sur les bons rails, leur permettant de retrouver un dynamisme économique sans précédent. Qui sera le prochain Ronald Reagan ? Pour le moment, ni Donald Trump ni Hilary Clinton ne paraissent susceptibles de relever le défi.

Compte tenu du flou entourant leur programme économique, notamment d'un point de vue budgétaire, il est même à craindre que les États-Unis ne soient de nouveau et assez rapidement bloqués par le fameux *shutdown*, c'est-à-dire la paralysie de l'administration fédérale américaine pour cause de dépassement du plafond autorisé pour la dette publique, comme cela s'est produit en 2013. Huit ans après la faillite de Lehman Brothers qui a plongé le monde dans sa plus grave crise financière, économique et sociale depuis le krach de 1929, les États-Unis sont encore à deux doigts de susciter un nouveau tsunami qui, cette fois-ci, pourrait bien s'avérer fatal à l'économie internationale, surtout après le clash du Brexit. Car en 2008-2009, le pire a bien été évité, en dépit des prévisions funestes de la quasi-totalité des économistes de la planète. Grâce à une forte détente monétaire, à une relance budgétaire internationale de 5000 milliards de dollars et à un recours démesuré à la « planche à billets » planétaire, la croissance mondiale a pu redémarrer dès la fin 2009. Elle a même dépassé les 5 % en 2010, pour ensuite se stabiliser autour des 3,5 % de 2011 à 2014.

La situation actuelle est bien différente. Et pour cause. Les pays développés ont épuisé toutes leurs marges de manœuvre en matière de relance de l'activité. Les taux d'intérêt des banques centrales sont proches de 0 %, les niveaux des dettes publiques sont faramineux et le poids des dépenses publiques et des impôts est devenu prohibitif, en particulier dans la zone euro – Allemagne exceptée. En 2008-2009, la croissance mondiale a pu s'appuyer sur le dynamisme des pays émergents. Mais eux aussi commencent à souffrir et ne pourraient résister à une nouvelle vague de fond. Autrement dit, si après les élections présidentielles, les États-Unis ne trouvent pas rapidement une solution pour relever le plafond de la dette et éviter un nouveau *shutdown*, le monde connaîtra une crise type Lehman Brothers à la puissance dix, en trois mots : un véritable Armageddon.

SCÉNARIO CATACLYSMIQUE

Imaginons avec effroi ce scénario catastrophe. Les États-Unis entreraient en situation de défaut de paiement. Il en résulterait instantanément une très forte dégradation de la dette publique américaine et surtout une remontée massive des taux d'intérêt des obligations d'État outre-Atlantique. Tous les créanciers de l'Oncle Sam verraient alors la valeur de leurs obligations américaines fondre comme neige au soleil. Parmi eux, les banques de la planète, alors contraintes, dans le meilleur des cas, de fermer les robinets du crédit et, au pire, de déposer le bilan. Or, si les banques faisaient faillite, leurs clients les suivraient rapidement dans la tempête. En quelques jours, la crise financière deviendrait une crise économique et sociale dramatique, avec notamment le retour de la récession, l'effondrement de l'investissement, de la consommation et de l'emploi. Une flambée du chômage se produirait alors, avec dérapages sociaux en tous genres. L'Europe et/ou les pays émergents pourraient-ils tirer profit de la faiblesse américaine ? Aucunement. Et cela, pour au moins trois raisons. Primo, les interconnexions bancaires font qu'à l'instar de la faillite de Lehman en septembre 2008, un effet de contagion instantané s'opérerait. Secundo, les États-Unis étant la principale locomotive économique de la planète, leur arrêt entraînerait mécaniquement celui de l'économie mondiale, d'autant que l'autre locomotive, en l'occurrence la Chine, est aussi en perte relative de vitesse. Tertio, si l'Oncle Sam pourra encore bénéficier pendant quelques trimestres du poids du dollar sur la scène internationale et actionner la planche billets, la zone euro s'effondrerait littéralement, dans la mesure où elle ne disposerait d'aucune marge de manœuvre pour relever la tête.

Une situation de faillite généralisée s'installerait dans l'ensemble du monde développé, qui, rappelons-le, est surendetté. Des comportements non coopératifs se développeraient, avec non-remboursement complet des dettes et risques de rétorsions économiques voire... militaires. En fait, seuls les pays disposant de liquidités importantes pourraient tirer profit de cette situation cataclysmique. Endossant le rôle de « chevalier blanc », ils achèteraient à bas prix les actifs de pays en crise sociale et surendettés n'ayant plus d'autre choix pour sortir de l'ornière. Pour sauver le monde occidental d'un rachat par les fonds souverains du monde émergent, les pays développés, et notamment les États-Unis et l'Europe, seraient contraints de brandir la menace militaire, voire de la mettre à exécution. À l'instar du krach de 1929 qui a connu son aboutissement dans la Seconde Guerre mondiale, un nouveau conflit international mettrait fin à cette crise historique. Dans quel état se trouverait alors la planète ?

Stop ! Ce scénario cataclysmique commence vraiment à faire peur. Mais montre que les élus américains sont condamnés à trouver un accord au plus vite. Comme dans tout bon film catastrophe hollywoodien, c'est au moment où l'on croit que tout est perdu que Bruce Willis arrive et sauve le monde... Le monde nouveau est de plus en plus complexe. Les États-Unis y sont de moins en moins dominants. Sauvés principalement par la suprématie du dollar... Pour le moment.

9.
DOLLAR-YUAN : LE COMBAT DU SIÈCLE

Dans le nouveau monde qui s'installe depuis une décennie, une variable ne change pas : l'annonce de la fin du roi dollar. Depuis une quarantaine d'années, la rumeur se répand au point de devenir une certitude : l'hégémonie du dollar est révolue. C'est toujours la même rengaine : plombés par des déficits abyssaux, affaiblis par la crise économique, les États-Unis vont devoir abandonner le dollar étalon. Pourtant, à chaque fois, tel le phénix, le billet vert renaît de ses cendres, ne laissant aucune chance à ses concurrents potentiels. Qu'on ne s'y trompe pas, la force d'une devise n'est pas d'être chère vis-à-vis d'une autre mais d'être demandée pour elle-même. Une monnaie forte est d'abord une monnaie crédible, qui peut servir d'étalon en tant que réserve de valeur et de monnaie de transaction. Tel est exactement le cas du dollar depuis l'après-guerre et encore plus depuis 1971 et la fin de sa convertibilité absolue en or. C'est précisément à cette époque que commence la chronique d'une mort annoncée, qui n'a finalement jamais eu lieu. Les États-Unis, enlisés dans la guerre du Vietnam, actionnent massivement la « planche à billets » – un peu d'ailleurs comme lors de la dernière crise. Très vite, le montant des dollars en circulation dans le monde surpasse la quantité d'or disponible dans les coffres de la Fed. L'Oncle Sam n'est donc plus en mesure d'assurer la convertibilité de sa monnaie. La rumeur enfle : le dollar va tomber de son piédestal en faveur d'un SMI fondé sur l'or et/ou sur les droits de tirages spéciaux du FMI. Coupant l'herbe sous le pied à toutes ces spéculations, l'Oncle Sam tente alors dans un coup de poker habile : il annonce la fin de la complète convertibilité du dollar en or. Le pari est osé, car si les banques centrales de la planète et les partenaires commerciaux refusent, les États-Unis sont ruinés. L'Angleterre, au début du XXe siècle, avait fait la même expérience. Sans succès. Le dollar avait pris la place de la livre sterling.

LE DOLLAR, SUR SON PIÉDESTAL…

Mais en 1971, le risque est calculé, car l'Oncle Sam sait bien que si la planète refuse ce *deal*, toutes les réserves en dollars des banques centrales et des investisseurs à travers le monde ne vaudront plus grand-chose. L'alternative qui s'offre au monde occidental est simple : soit il accepte le dollar comme une réserve de valeur à part entière, préservant ainsi le SMI, soit il refuse ce nouveau « contrat », ce qui ruinera les États-Unis et l'ensemble des pays détenant des réserves de change en dollars. En pleine guerre froide, étroitement liés à la puissance américaine, l'Europe et le Japon sont obligés de choisir la première option. Le secrétaire d'État au Trésor américain, John Connelly, lance alors cette phrase historique : *« Le dollar, c'est notre monnaie et votre problème. »*

Ainsi les États-Unis peuvent, après la guerre du Vietnam, conserver leur suprématie. La décennie suivante est marquée par deux chocs pétroliers, une phase de stagflation et l'aggravation des déficits américains, autant d'évènements qui font craindre pour la survie de l'étalon dollar. À la différence de 1971, les États-Unis et le dollar sont sérieusement concurrencés par le Japon et le yen. Rien ne semble alors pouvoir arrêter la domination galopante des Japonais. Certains qu'ils seront bientôt la première puissance mondiale, ils n'hésitent pas à apprécier fortement leur devise. Cette erreur fondamentale les plongera dans une crise de déflation sans précédent… qui n'est toujours pas terminée. À l'inverse, modernisés par l'ère Reagan, les États-Unis se lancent dans une phase historiquement longue de croissance soutenue à partir de la fin 1991. L'hégémonie du dollar est renforcée.

Seule ombre au tableau dans le ciel azur du billet vert : la création de l'euro en 1999. Certains, y compris votre serviteur, se mettent alors à rêver : et si la monnaie unique européenne était enfin la devise capable de concurrencer le dollar ? Avec le taux de change initial – 1,18 dollar pour 1 euro –, tous les espoirs sont permis. Les Américains en sont également conscients – peut-être encore plus que les Européens, d'ailleurs – et se lancent dans un mouvement massif d'appréciation : environ 0,83 dollar pour 1 euro et 135 yens pour 1 dollar, de fin 2000 à début 2003. La place du dollar dans les transactions mondiales et dans les réserves de change internationales s'en trouve confortée, permettant aux États-Unis de reprendre leur *benign neglect* (négligence douce) en matière de taux de change dès 2003-2004 Laissant de nouveau filer le dollar, ils consolident leur croissance.

La vie des marchés étant un éternel recommencement, la spéculation sur la fin de l'hégémonie du dollar reprend de plus belle lors de la crise de 2008. Elle se poursuit aujourd'hui. Les arguments n'ont pas changé : compte tenu de leur dette publique et de leur prétendu affaiblissement économique, les États-Unis devraient abandonner leur dollar-roi. Mais, comme d'habitude, il n'en est rien. En effet, il n'existe toujours pas de concurrent sérieux au dollar. La création d'un panier de devises, si peu pratique pour l'organisation du commerce et du système monétaire mondial, serait vouée à l'échec avant même sa réalisation.

Ainsi, en dépit des rumeurs d'une montée en puissance de l'euro dans les réserves de change et les transactions internationales, le dollar représente toujours 50 % d'entre elles, tandis que le commerce américain ne pèse que 17 % du total mondial. Autrement dit, les deux tiers du commerce en dollars ne sont pas américains. Par ailleurs, 65 % des réserves de change dans le monde sont constituées en dollars. La force du dollar est donc bien d'être demandé pour lui-même, c'est-à-dire d'être le *benchmark*, la référence sur le marché des changes, du pétrole et de l'or. Pour cette raison les États-Unis attirent chaque année entre 1000 et 1500 milliards de dollars d'investissements étrangers. Certains pays, tels l'Iran ou la Russie, ont annoncé qu'ils factureraient leurs barils de pétrole en euros. Ils ne l'ont jamais fait. De même, la Chine n'a pas converti en euros ses réserves de change en dollars. Loin s'en faut. En réalité, cela n'aurait aucun sens. Les Chinois sont payés en dollars – les devises entrent alors dans les réserves de change – et ils payent leur pétrole en dollars. S'ils voulaient convertir leurs réserves de change en euros, ils devraient supporter des risques de change et des coûts de transaction inutiles. D'abord, comme ils sont principalement payés en dollars, il faudrait convertir une première fois ces billets verts en euros. Ensuite, pour acheter les matières premières et autres produits libellés en dollar, il faudrait reconvertir les euros en dollars... Pourquoi faire simple quand on peut faire compliqué ?... Voilà pourquoi le dollar n'est toujours pas tombé de son piédestal...

CHAQUE CRISE EN SON TEMPS...

Les Américains ne laisseront jamais le dollar trop baisser ni trop longtemps. Le jour où leur monnaie connaîtra un concurrent sérieux et perdra son hégémonie, les États-Unis et l'ensemble de la planète connaîtront une crise bien plus grave que celle que nous vivons depuis 2007. Qui pourra un jour détrôner le billet vert ? Ne nous faisons pas d'illusion, ce ne sera pas l'euro. Car pour devenir l'étalon international, il faut une monnaie forte et crédible qui puisse s'appuyer sur une économie durablement dynamique. Or, nous ne cessons de le déplorer depuis des années, lorsque l'euro est trop cher, la croissance de la zone euro s'effondre. Il ne faut donc pas mettre la charrue avant les bœufs : une monnaie forte ne fait pas une croissance forte, mais une croissance durablement forte permet de supporter une monnaie chère.

En fait, le seul concurrent potentiel du billet vert est le yuan, la devise chinoise appelée aussi renminbi. Je défends cette théorie depuis déjà quelques années. Certes, la suprématie chinoise reste impossible tant que l'espace financier de la Chine est fermé et que le yuan n'est pas une devise internationale. En d'autres termes, les Chinois ne sont pas encore prêts, tant économiquement que financièrement. Ils n'y ont d'ailleurs pour le moment aucun intérêt, car un yuan trop cher pourrait casser leur croissance – comme le yen surévalué a fracassé le Japon il y a vingt ans. En outre, n'oublions pas qu'avec 3 400 milliards de dollars de réserves de change et des bons du Trésor américain en quantité pléthorique, une trop forte baisse du dollar serait une catastrophe pour la valorisation des actifs chinois libellés dans cette monnaie.

En dépit d'une opposition de façade, les Américains et les Chinois feront tout pour que rien ne change. Du moins à court terme. Car, ne nous leurrons pas, la Chine entend devenir la première puissance économique mondiale et elle est consciente que, pour y parvenir, elle devra aussi disposer de la devise internationale de référence. Mais à partir du moment où son économie sera suffisamment puissante pour supporter une devise durablement forte, elle ouvrira ses marchés financiers, laissera le yuan s'apprécier massivement et pourra imposer aux pays de l'Opep et à ses partenaires commerciaux de libeller leurs transactions commerciales en yuan. Cette perspective n'aura certainement pas lieu avant une bonne quinzaine d'années. Néanmoins, si elle se réalise, les États-Unis deviendront un pays émergent, criblé de dettes, ne pouvant plus actionner la « planche à billets » à l'envi ni financer ses déficits grâce au rôle hégémonique de sa devise. La récession s'installera alors durablement outre-Atlantique, mais aussi sur le Vieux Continent qui, comme d'habitude, souffrira encore plus que les États-Unis. Le match a déjà commencé. Il prendra toute son ampleur dans les dix prochaines années. Il n'opposera pas les États-Unis à l'Euroland ni le dollar à l'euro, mais les États-Unis à la Chine et le dollar au renminbi. En attendant, personne n'a aujourd'hui intérêt à la disparition du rôle central mais aussi stabilisateur du dollar au sein du SMI. Car la planète connaîtrait alors une crise bien plus grave et durable que celle des années 2008-2009. Alors, de grâce, chaque crise en son temps, si possible avec un répit d'au moins vingt ans, histoire de souffler un peu...

ÉPISODE III

L'EUROPE AU BORD DU GOUFFRE

10.
LA ZONE EURO : QUEL GÂCHIS !

Outre la déception américaine depuis le second mandat d'Obama, il existe un gâchis encore plus grand : l'échec de la zone euro. Créée pour concurrencer les États-Unis et devenir une locomotive puissante de la croissance mondiale, l'UEM se situe à l'avant-dernière place au niveau mondial. Ainsi, de 1990 à 2015, alors que la croissance annuelle moyenne de la planète s'est élevée à 3,6 % – 5 % pour les pays émergents, 2,4 % pour les États-Unis et 2,2 % pour l'ensemble des pays développés –, celle de la zone euro n'a été que de 1,5 %. Seul le Japon fait pire, avec 1,1 %.

Si l'on ne retient que les quinze dernières années, de 2000 à 2015, les résultats sont pires : 3,9 % pour le monde, 1,9 % pour les États-Unis, mais seulement 1,2 % pour la zone euro et 0,8 % pour le Japon. Il y a encore plus grave : depuis la crise de 2008, les croissances annuelles moyennes sont les suivantes : 3,2 % pour la planète, 5,2 % pour le monde émergent, 1,2 % pour les États-Unis, 0,2 % pour le Japon et 0,1 % pour l'UEM qui est désormais lanterne rouge[11]. À l'évidence, nous sommes très loin des objectifs de dynamisme économique fixés à la zone euro lors de sa création.

En fait, cette dernière, mais aussi une grande partie de ses membres, à commencer par la France, se sont « japonisés ». Il s'agissait d'ailleurs d'une des principales craintes que je formulais il y a presque dix ans. Elle s'est malheureusement réalisée : déflation, croissance zéro, taux d'intérêt négatifs, « trappe à liquidités »... Tous ces maux que nous espérions cantonnés à l'Archipel nippon sont désormais chez nous, en France, dans la zone euro et peut-être bientôt dans l'ensemble du monde occidental. Autrement dit, nous n'avons pas su tirer les leçons des erreurs japonaises et nous nous sommes précipités dans les mêmes

11. Les tableaux détaillés de ces évolutions se trouvent en annexe page 212.

pièges. Nous n'avons pas su comprendre et admettre que si le Japon, superpuissance des années 1980, était tombé de son piédestal, une telle déchéance serait encore plus douloureuse pour nous.

L'ANTI-MODÈLE JAPONAIS

Souvenons-nous ! Jusqu'au début des années 1990, le Japon était présenté comme l'exemple à suivre. Au dire des experts et des professeurs d'économie de l'époque, il n'y avait même aucun doute : le modèle japonais allait s'imposer à l'ensemble des pays développés, voire de la planète. Que ce soit le toyotisme[12], la théorie d'Aoki[13], la rigueur ou encore la compétitivité nipponne, tout ce qui venait du Japon paraissait excellent. Malheureusement, et comme c'est très souvent le cas, au moment où un consensus « incontestable » commençait à se généraliser sur la *success story* japonaise, tout s'est effondré.

L'une des origines de cet écroulement tient en un mot : l'orgueil. En effet, sûrs d'eux et certains qu'ils allaient imposer leur puissance économique à l'ensemble de la planète, les Japonais ont commis l'erreur du siècle. Sous la pression des Occidentaux, qui ne supportaient plus de perdre constamment des parts de marchés au profit des produits nippons, les Japonais ont accepté d'apprécier très fortement leur devise. Dans le même temps, toujours aussi persuadés que rien ne pouvait entacher leur dynamisme, ils s'engageaient dans un fort resserrement monétaire, censé éviter la surchauffe, c'est-à-dire une trop forte inflation liée à une demande trop dynamique.

Ces deux erreurs simultanées furent les gouttes d'eau qui firent déborder le vase... impérial. En quelques trimestres, tout s'est effondré... Ainsi, tout ce qui paraissait constituer la puissance inaltérable du pays se révélait finalement source de faiblesse. Pour ne rien arranger, et toujours avec une arrogance hors pair, les autorités nipponnes ne réalisèrent pas tout de suite la gravité de la situation. Elles continuèrent d'agir comme si de rien n'était, refusant de baisser fortement les taux directeurs et laissant le yen s'apprécier davantage encore. Il fallut un tremblement de terre, celui de Kobé en 1995, pour qu'elles commencent à vraiment réagir. Trop tard. Le Japon était déjà tombé dans la « trappe à liquidités ». Dès lors, toutes les mesures de relances budgétaires et monétaires n'ont fait qu'alimenter la défiance envers l'économie de l'Archipel. Les deux seuls résultats de cette politique furent la flambée de la dette publique

12. Organisation du travail mise en avant par Toyota, en 1962.
13. Théorie originale de Masahiko Aoki sur l'organisation des entreprises.

et l'installation d'une déflation digne de celle qui suivit le krach de 1929. À tel point qu'aujourd'hui encore, ces deux fléaux continuent d'affaiblir le Japon.

Super-puissance enviée dans les années 1980, l'économie nipponne est devenue un anti-modèle contredisant par là toutes les prévisions du passé. À titre d'illustration, l'indice phare de la bourse japonaise, le Nikkei, est passé de 40 000 points en 1990 à 7 000 au plus fort de la crise de 2009, pour remonter difficilement autour des 16 000 depuis quelques années – avec des pointes à 20 000 en 2015. De quoi calmer ceux qui ne cessent de proclamer que l'investissement en Bourse est toujours gagnant sur le long terme. Pour l'acheteur du Nikkei en 1990 – et quand bien même il aurait reçu quelques dividendes depuis lors –, cet adage apparaît bien déplacé. Récupérera-t-il un jour sa mise ? Ce seront plutôt ses petits-enfants ou arrière-petits-enfants qui s'en chargeront... Cet exemple rappelle que la Bourse reflète généralement une réalité économique. Or, la pire qui soit réside dans la déflation, c'est-à-dire dans la baisse des prix des biens et services mais aussi de tous les actifs, notamment boursiers. Désormais condamné à la croissance molle et à la déflation, le Japon est malheureusement bien placé pour le savoir.

Pour autant, le vieux rêve d'imposer le modèle japonais au monde occidental peut encore devenir réalité. Je ne parle pas évidemment du dynamisme des années 1980, mais de la déflation des années 1990-2010. Car ne nous voilons pas la face, la situation actuelle de nombreux pays dits développés ressemble de plus en plus à celle du Japon, notamment dans la zone euro et en France. En effet, les mêmes erreurs ont été commises : arrogance, dogmatisme, politique monétaire trop restrictive, taux de change surévalué, explosion de la dette publique, le tout couronné par une croissance structurellement molle. Enfin, les bulles boursières, bancaires et immobilières, se sont mises à éclater un peu partout, y compris aux États-Unis. S'ils réussissent encore à générer une croissance un peu plus forte que celle de la zone euro, ils sont tombés eux aussi dans le piège de l'augmentation inefficace des dépenses et des dettes publiques.

Pire, la faiblesse des taux monétaires et l'utilisation massive de la « planche à billets » n'ont pas réussi à restaurer une croissance forte et durable. En fait, à l'instar du Japon mais avec dix ans de retard, la zone euro, la France, voire les États-Unis, se sont enfoncés dans une « trappe à liquidités » de plus en plus dangereuse : les injections des banques centrales ne font qu'alimenter une bulle obligataire, via la baisse excessive des taux d'intérêt des obligations d'État. Mais elles ne soutiennent pas l'activité économique, en particulier parce que la confiance n'est pas au rendez-vous.

MÉFIONS-NOUS DE L'EURO FORT !

Cerise sur ce gâteau empoisonné, la déflation est aussi de retour en Europe, de façon quasi permanente depuis 2014. Il faut donc se rendre à l'évidence : le contre-modèle japonais s'est bien imposé, avec les dégâts durables que cela engendre, notamment en termes de chômage et de faiblesse des revenus, et par là même de risque sociétaux. Mais la situation de la zone euro et celle de la France sont encore plus dangereuses que celle du Japon. Dans l'Archipel, la dette publique est détenue à 97 % par des Japonais. Ce patriotisme marqué leur permet d'éviter une grave crise sociétale et identitaire. Tel n'est pas le cas dans la zone euro, et particulièrement en France. Avec une dette publique détenue à 60 % par des non-résidents, mais aussi à cause d'un manque criant de culture économique, un appétit prononcé pour les conflits sociaux et l'absence déplorable d'unité nationale, notre pays pourrait donc largement dépasser le Japon. Qui l'eût cru ? La zone euro fut présentée comme la panacée lors de sa création ou encore lors du pacte de Lisbonne de 2000. Tous ses membres s'étaient engagés à moderniser leur économie et à faire de l'UEM la terre de croissance la plus compétitive du monde développé. La zone euro est devenue une terre d'échec. Elle a longtemps subi les méfaits d'une devise surévaluée. Rappelons les trois vecteurs de transmission d'un euro trop fort sur l'économie.

Premièrement, il augmente les prix des exportations qui, devenues trop chères, finissent par reculer. Les entreprises exportatrices sont alors contraintes de réduire leur production, avec souvent des destructions d'emplois et de revenus à la clé. Deuxièmement, un euro trop fort signifie une baisse des prix des produits importés. Si cette évolution est perçue comme un avantage, notamment pour les consommateurs, elle se traduit également par un effet pervers : les producteurs nationaux voient la compétitivité-prix de leurs produits diminuer à vue d'œil. Ils perdent donc des parts de marché, réduisent la voilure et licencient. Les revenus sont abaissés et la consommation avec. Troisièmement, lorsque l'euro est trop cher, investir dans la zone euro depuis l'étranger devient très onéreux, tandis qu'investir à l'étranger devient meilleur marché pour un Eurolandais. Ces flux d'investissements croisés réduisent mécaniquement la croissance et l'emploi dans la zone euro.

Fort heureusement, après sept ans d'une devise surévaluée qui a cassé régulièrement la croissance eurolandaise, notre monnaie s'est nettement dépréciée depuis 2014. Elle est même tombée temporairement sous 1,10 dollar.

VIVE L'EURO AU JUSTE PRIX !

Cette baisse de l'euro produit, bien évidemment, les effets inverses de la hausse. Dans le bon sens : davantage d'exportations, meilleure compétitivité des produits nationaux vis-à-vis des produits importés, donc accroissement des parts de marché ; enfin, plus d'investissements étrangers dans l'UEM et moins de fuite de capitaux. Certes, la baisse de l'euro ne peut pas complètement changer la donne économique. Elle est une condition nécessaire mais non suffisante pour une relance forte et durable de la croissance. Et ce, pour trois raisons principales :

Primo, les écarts de compétitivité-prix au sein de la zone euro demeurent importants. Le niveau de l'euro étant le même pour tous les pays de l'UEM, une dépréciation de la monnaie ne peut profiter exclusivement à la France. Dans ce contexte, la compétitivité-prix a plutôt trait aux différentiels des coûts du travail entre États de la zone euro. Et sur ce point, la France peut faire beaucoup mieux. Il faut absolument engager une modernisation de nos structures économiques, ce que j'appelle une « thérapie de choc ».

Secundo, la compétitivité dite hors prix peut affecter durablement le commerce extérieur français. Elle se rapporte à la qualité de la production et au caractère innovant de nos produits. Et, malheureusement, la France reste largement en retard sur ce front.

Tertio, une baisse de la devise ne produit ses premiers effets sur l'activité qu'environ six à neuf mois après avoir été enclenchée.

Au total, chaque fois que l'euro s'apprécie de 10 %, la croissance perd environ 0,5 point. Dès que la barre fatidique – 1,35 dollar pour un euro – est franchie, cette déperdition de croissance pour 10 % d'appréciation est doublée. Plus globalement, en réduisant les prix des produits importés et en pesant négativement sur l'activité nationale, l'euro trop fort alimente les forces déflationnistes, déjà en mouvement dans l'UEM. À l'inverse, lorsque l'euro se déprécie de 10 %, la progression de l'activité gagne 0,5 point. Et lorsqu'il passe sous 1,15 dollar, ce gain de croissance pour 10 % de dépréciation est également doublé. Une baisse de l'euro de 1,30 à 1,10 dollar rapporte environ 20 milliards d'euros à l'économie française, soit bien plus que les usines à gaz gouvernementales destinées à réduire les coûts pesant sur les entreprises, sans d'ailleurs y parvenir véritablement. Grâce à la baisse de l'euro, la croissance a pu rebondir, mais insuffisamment pour permettre une forte diminution du chômage.

En conclusion : oui, la France et la zone euro ont besoin d'un euro à son juste prix, c'est-à-dire entre 1,10 et 1,15 dollar. Ne l'oublions jamais, la dernière fois que la croissance a été forte dans l'Hexagone et dans l'UEM, c'est-à-dire en 1999-2000, l'euro valait environ 0,90 dollar. À l'inverse, chaque fois que l'euro a dépassé 1,20 dollar, la croissance s'est effondrée. Attention cependant à ne pas aller trop loin, car un euro inférieur à un dollar pourrait également nuire à la crédibilité de l'UEM. Cela risque de se passer si les soubresauts grecs et espagnols relancent la crise de la zone euro. De plus, un euro trop faible pourrait creuser le fossé qui sépare de plus en plus l'Allemagne de ses homologues. D'ailleurs, comme elle l'a montré en soulignant que la sortie de la Grèce de l'UEM était envisageable, puis en remontant les bretelles de Mario Draghi, Angela Merkel est vraisemblablement prête au clash si la baisse de l'euro va trop loin. De quoi rappeler la frontière bien mince séparant le paradis de l'enfer.

La zone euro reste affectée par une croissance structurellement molle et qui, par là même, a tendance à affaiblir ses membres, y compris ceux qui semblaient hors d'atteinte et sont finalement tombés. Souvenons-nous : il y a encore quatre ans, la Finlande était présentée comme un modèle de développement, alliant un niveau élevé de dépenses publiques et une croissance économique soutenue. Or depuis 2012, le PIB finlandais n'a quasiment plus augmenté. En 2015 et 2016, malgré un rebond correctif, la Finlande est restée proche de la stagnation économique. En fait, depuis son dernier point haut du quatrième trimestre 2007, et en dépit d'un sursaut appréciable en 2010, le PIB finlandais affiche encore un plongeon de 6,1 %. C'est certes beaucoup mieux que la Grèce (- 27,6 %), légèrement mieux que l'Italie (- 8,4 %) et comparable au Portugal, mais plus grave que l'Espagne (- 3,0 %) et a fortiori moins bien que la zone euro (+ 0,3 %), la France (+ 3,5 %) et l'Allemagne (+ 6,3 %). La Finlande est donc bien devenue la lanterne de rouge de la croissance dans la zone euro, avec l'Italie et la Grèce. Conséquence logique de cette carence, la Finlande est l'un des rares pays de la zone euro où le taux de chômage a continué d'augmenter en 2015-2016. En l'occurrence, de 0,5 point.

Encore plus grave : le taux de chômage finlandais (9,3 % au printemps dernier) reste sur des sommets depuis mars 1999. Et c'est bien là le drame. Car si la Grèce, la France ou encore l'Espagne, voire le Portugal, sont malheureusement coutumiers du chômage de masse, les Finlandais pensaient il y a encore peu en être protégés grâce à l'avènement du « miracle finlandais » au début des années 2000. Seulement voilà, à force d'être sûr de disposer du meilleur modèle de développement économique, le miracle est devenu cauchemar. Encore une preuve que l'excès de dépenses publiques, loin d'être un gage de croissance forte, devient souvent, au contraire, un handicap économique. Avec un ratio dépenses publiques/PIB de 58,7 % en 2015, la Finlande est repassée devant la France. Et devant tous les autres pays du monde développé. Un record dont les Finlandais se seraient bien abstenus... Ce triste exemple et plus globalement celui des échecs récurrents de la zone euro rappellent que si nous refusons de nous remettre en cause, et d'engager une véritable modernisation de nos structures, nous passerons à côté des opportunités que pourra offrir le nouveau monde. En d'autres termes, si nous refusons d'intégrer des règles du jeu différentes, nous sommes sûrs de perdre. La crise grecque qui n'en finit plus et la montée de l'euroscepticisme un peu partout en Europe illustrent parfaitement ces erreurs. Elles risquent de nous coûter très cher.

11.
GRÈCE : LES DIEUX SONT TOMBÉS SUR LA DETTE

Les dirigeants européens ont beau essayer d'édulcorer la situation politico-économico-financière de la Grèce depuis la victoire historique de Syriza en 2015, il faut appeler un chat un chat : la patrie d'Aristote est dirigée par un parti d'extrême gauche, avec un Premier ministre eurosceptique qui ne cesse de mentir et de balader ses créanciers, annonçant des réformes fantômes pour obtenir quelques milliards supplémentaires de la part des Européens et du FMI. Bien entendu, le peuple grec souffre et ne peut être laissé pour compte. De quoi rappeler que l'austérité « bête et méchante » n'a évidemment aucun sens. Depuis 2009 et a fortiori depuis le début de la crise grecque en 2010, je n'ai cessé de rappeler la nécessité d'accompagner les mesures d'assainissement budgétaire par un soutien à l'activité, que ce soit au travers d'un euro plus faible et/ou d'une planche à billets. Ces deux évolutions sont enfin arrivées en 2015, mais un peu tard malheureusement. Hélas ! Au moment même où les Grecs auraient pu commencer à récolter les fruits de leurs efforts, ils ont fait le choix de l'extrême, prenant ainsi le risque de replonger, pour peut-être ne jamais remonter. Évidemment, les Grecs ne veulent a priori pas quitter la zone euro. Et pour cause. Un tel choix se traduirait par une flambée de leurs taux d'intérêt, cassant encore un peu plus l'activité et appauvrissant davantage une population déjà exsangue. M. Tsípras répète à l'envi qu'il veut simplement négocier. Mais négocier quoi exactement ?

UN PUITS SANS FOND

Les banques européennes ont déjà annulé 110 milliards d'euros de dette grecque. Les États, au travers notamment du FESF (Fonds européen de stabilité financière), ont apporté un cadeau de 325 milliards d'euros sur l'autel de l'Acropole. Les taux d'intérêt bonifiés consentis par les Européens et le FMI à la Grèce avoisinent 1 % – alors que le taux d'intérêt à dix ans théorique des obligations de l'État grec est encore aujourd'hui supérieur à 8 %. Les échéances de la dette hellène sont comprises entre vingt et soixante ans... Que peut-on faire de plus ? Étaler la dette sur cent ans ? Supprimer 200 milliards d'euros de dette, comme l'avaient laissé entendre les actuels dirigeants grecs pendant la campagne des législatives de 2015 ? Soyons sérieux. La Grèce a déjà été énormément aidée. Consentir un nouveau cadeau créerait une injustice vis-à-vis des autres pays qui ont pratiqué des politiques courageuses depuis 2009. À commencer par le Portugal, l'Espagne et l'Italie. Que dire alors de l'Irlande qui, après avoir souffert fortement, a redémarré magistralement ? Comme quoi, quand on veut, on peut. Pourquoi les Grecs échoueraient-ils là où les Irlandais ont réussi ? Peut-être une question de culture économique, mais aussi de courage politique.

J'y vois aussi un problème moral. Car supprimer à nouveau une partie de la dette grecque reviendrait à donner une prime au mauvais élève. C'est d'ailleurs sur ce même écueil qu'est tombée la Grèce lors de la décennie 2000. En effet, en 2001, le pays de Nikos Aliagas entre dans la zone euro en dépit d'une dette publique de 110 % du PIB, en promettant d'engager de profondes réformes économiques et de réduire ce gouffre déjà abyssal. Seulement voilà, une fois entrée dans l'UEM, la Grèce a pu bénéficier de taux d'intérêt extrêmement bas sur sa dette publique, identiques même à ceux de l'Allemagne... sans faire la moindre réforme économique et sans réduire drastiquement ladite dette. Dans le cadre de ce « cadeau du ciel », les modernisations structurelles promises n'ont jamais été réalisées et les dépenses publiques ont continué d'augmenter alors que les recettes n'étaient pas au rendez-vous. Quand le pot aux roses a été découvert en 2010, la Grèce s'est enfoncée dans une crise dramatique, mais logique. Certes, les Européens ont aussi profité de cette gabegie de dépenses publiques pour vendre à leurs amis grecs des infrastructures, des armes, des avions... Mais, arrêtons de dire que les problèmes grecs sont uniquement liés aux erreurs de l'Europe. Elle n'est évidemment pas sans reproche, mais ce sont les Grecs qui ont décidé de ne pas réformer leur économie. Pour mieux comprendre comment la Grèce s'est mise hors jeu toute seule, je propose un comparatif avec d'autres pays ayant particulièrement souffert depuis 2008.

Prenons l'Irlande, l'Espagne, le Portugal et même l'Italie, qui ont retrouvé le chemin d'une croissance soutenue et durable. L'évolution récente des glissements annuels du PIB est sans appel : + 9,3 % en Irlande, + 3,4 % en Espagne, + 1,0 % en Italie et au Portugal, mais - 1,3 % en Grèce. Au cours des trois derniers trimestres, le PIB grec a même reculé de 1,5 %, marquant le retour dans la récession, seulement deux trimestres après en être sorti... pendant deux trimestres. En fait, la Grèce est en récession quasi ininterrompue depuis 2007. En 2009, la baisse du PIB irlandais était plus forte que celle du PIB grec. Mais les Irlandais ont prouvé qu'il est tout à fait possible de remonter de l'abîme. Contrairement aux Grecs, ils ont su prendre le taureau par les cornes, en modernisant leur marché du travail, en maintenant la pression fiscale à un niveau appréciable, tout en réduisant les dépenses publiques superflues et attirant les investisseurs internationaux. L'Irlande a pu ainsi retrouver le chemin de la croissance, si bien que son PIB a désormais largement dépassé son niveau d'avant la crise. Bien loin de cette réussite, le PIB grec a continué de plonger, accusant aujourd'hui encore une chute de plus de 27 % par rapport à son niveau d'avant la crise. De même, le taux de chômage irlandais est aujourd'hui inférieur à 8,5 %, contre près de 25 % en Grèce.

Même s'ils souffrent encore, les Espagnols et les Portugais ont également réussi à faire baisser leur taux de chômage, à respectivement 20 % et 12 %. Mieux, la vigueur des créations d'emploi en Espagne indique que le chômage devrait encore reculer nettement dans les prochains mois, sauf si l'instabilité politique perdure. Car, en dépit de l'affaiblissement de Podemos lors des élections législatives du 26 juin 2016, il n'y a toujours pas de majorité claire pour diriger le pays. Parallèlement, avec un niveau de 180 % du PIB – contre 129 % au Portugal, 99 % en Espagne et 93 % en Irlande –, la dette publique grecque détient également le record d'Europe. Un résultat malheureusement logique sachant que de 2008 à 2015, la variation annuelle moyenne du PIB grec a été de - 3,6 %, contre - 0,7 % au Portugal et + 1,2 % en Irlande. Enfin, l'évolution du PIB par habitant est tout aussi triste. Si l'Irlande reste numéro deux de la zone euro, derrière le Luxembourg, la Grèce a plongé de la douzième place en 2000 à la quinzième place en 2015, derrière Malte, Chypre, la Slovénie, le Portugal, et juste devant l'Estonie, qui devrait d'ailleurs très vite la dépasser. À noter entre parenthèses qu'en matière de PIB par habitant, la France est passée de la deuxième place en 1990 à la septième en 2000 et à la huitième depuis 2014[14].

14. Voir les tableaux détaillés en annexe page 213.

LE PRÉCÉDENT ARGENTIN

Alors que la Grèce a, pour le moment et pour la énième fois, été sauvée de la faillite, elle reste en grand danger. Ses régulières demandes de soutien au FMI et à l'Eurogroupe font d'ailleurs étrangement penser à la situation de l'Argentine au début des années 2000, qui a connu la crise de la dette la plus dévastatrice avant celle de la Grèce. De 1992 à 1997, l'Argentine était considérée comme un modèle presque parfait qui avait notamment réussi à mettre fin à l'hyperinflation des années 1980 « sous la protection » du FMI, bras armé de la théorie monétariste. Ainsi, l'Argentine avait tout simplement décidé d'ancrer sa devise au dollar américain. Faisant fi des écarts de niveaux de vie et de structures économiques, le gouvernement argentin choisit donc de se doter d'une devise surévaluée au taux aussi symbolique qu'illusoire – 1 peso = 1 dollar. Corollaire de ce choix, l'Argentine s'engagea dans une politique monétaire et budgétaire très restrictive. L'idée était alors de rassurer les investisseurs internationaux pour qu'ils financent le développement du pays et notamment sa dette publique. Et c'est exactement ce qu'ils firent. En quelques trimestres, l'inflation argentine passa de plus de 1 000 % à 2 %. Un cercle vertueux – qui se révéla finalement être une bulle quelques années plus tard –, se mit en place : plus l'inflation baissait, plus les investisseurs internationaux accouraient en Argentine, plus la croissance augmentait et plus le chômage baissait. Encore une nouvelle similitude avec la Grèce qui, jusqu'en 2008-2009, était encensée un peu partout, y compris dans les rapports du FMI et de la Commission européenne.

Seulement voilà, même les bonnes choses ont une fin, surtout quand elles sont construites sur du sable. Avec le déclenchement de la crise asiatique fin 1997, la grande majorité des pays émergents de la planète tombent en récession. Face à un tel marasme, tous s'engagent alors, de gré ou de force, dans une vague de dépréciation de leur devise. Tous sauf un, l'Argentine. Pour respecter ses engagements et ne pas décevoir les investisseurs internationaux, elle est effectivement contrainte de maintenir la parité du peso avec le dollar. Pour ce faire, la Banque centrale argentine augmente fortement ses taux directeurs. Dans le même temps, le FMI impose au gouvernement argentin de réduire son déficit public, en engageant une politique budgétaire de rigueur. Subissant déjà la crise des pays émergents, l'Argentine doit donc faire face à un triple coup de massue : un taux de change surévalué, des taux d'intérêt trop élevés et une rigueur budgétaire insoutenable. On croirait évoquer la Grèce des années

2008 à 2015. Alchimie inversée, les recettes qui avaient transformé le plomb en or au début des années 1990 deviennent un piège et un poison mortel. À l'instar d'un noyé qui appelle au secours, l'Argentine demande alors un assouplissement des conditions qui lui sont imposées. Rien n'y fait. Le FMI durcit même le ton : *« Si vous voulez continuer de recevoir notre aide, vous devez intensifier vos efforts. »* Cet ultimatum ressemble étrangement à celui adressé à la Grèce par le même FMI de 2009 à 2015. Comme quoi, les dirigeants changent, mais les propos doctrinaires perdurent.

Conséquence logique de cette obstination dogmatique, la récession s'aggrave, le chômage flambe et les émeutes se généralisent. Commencée le 13 décembre 2001, la grève générale se termine les 19 et 20 décembre par une série de manifestations massives, souvent violentes, qui causent vingt-huit morts. Les dirigeants du pays sont poussés à la démission et certains ne restent en place que quelques jours. Après moult tractations et sommets de la dernière chance, l'Argentine annonce qu'elle ne pourra pas rembourser ses créanciers. Elle décide, le 11 février 2002, de laisser flotter le peso qui s'effondre : plus de 3,5 pesos pour 1 dollar en quelques jours –aujourd'hui, il faut compter plus de 10 pesos pour 1 dollar... Les investissements internationaux se tarissent mais, grâce à la dévaluation, la croissance revient progressivement. Mais la situation argentine et celle de la Grèce d'aujourd'hui divergent. En effet, la Grèce réussit à tenir grâce au soutien abusif en milliards d'euros des pays eurolandais et aussi du FMI. Mais sans dévaluation massive, la croissance ne pourra revenir, le chômage et les déficits publics resteront élevés, alimentant une crise de la dette interminable.

En Argentine, la crise sociétale n'est d'ailleurs toujours pas terminée. Son PIB ne retrouva d'ailleurs son niveau de 1998 qu'en 2005. Ce genre d'erreurs est dramatique. Il rappelle qu'en économie toute rigidité est par nature créatrice d'inefficacités. L'aventure argentine montre également qu'il ne sert à rien de s'obstiner à imposer une rigueur budgétaire intenable et un taux de change déconnecté de la réalité. La dépréciation devient alors le seul moyen de sortir de la spirale destructrice. Seulement voilà, plus ce choix est tardif, plus la crise est dévastatrice et plus les séquelles sont nombreuses et durables.

Encore aujourd'hui, l'Argentine reste empêtrée dans une croissance structurellement molle, un chômage élevé et une insécurité sociétale tenace, subissant même un nouveau défaut – le non-paiement d'une partie des intérêts de sa dette – en 2014. La maladie de la dette a la vie dure ! Est-ce vraiment cela que nous voulons faire en maintenant artificiellement la Grèce dans une zone euro qu'elle ne peut pas supporter, sauf avec des perfusions régulières de milliards d'euros que ses créanciers ne récupéreront jamais ? Alors, que faut-il faire ? À l'évidence, la situation est compliquée et son issue le sera tout autant. Le dilemme est le suivant : soit Syriza s'engage à moderniser la Grèce, acceptant par là même de revenir sur ses promesses électorales, et le pays restera dans la zone euro. Soit le parti d'extrême gauche refuse et la Grèce ne pourra plus rester dans l'UEM. Ne nous leurrons pas, même si la Grèce obtient de nouveaux cadeaux, le problème n'est pas tant la dette du passé que celle du futur. Comment effectivement financer les 20 milliards d'euros de déficit annuel engagé par Syriza ?

Aussi, dans la mesure où nous pensons que Tsípras et les siens ne réformeront pas leur pays dans le bon sens et savons que l'Allemagne n'acceptera plus de mettre la main à la poche, nous anticipons que la Grèce annulera une grande partie de sa dette publique et finira par sortir de la zone euro d'ici la fin 2017. Il s'agira d'ailleurs peut-être d'un mal pour un bien. D'une part, l'Europe n'aura plus à alimenter un puits sans fond. D'autre part, les Grecs pourront enfin faire table rase du passé, bénéficiant d'une devise compétitive, et par là même retrouver le chemin de la croissance. En fait, 2017 sera une année décisive pour la zone euro. Elle sera vraisemblablement celle de la restructuration. Car il faut être honnête : pour que l'UEM puisse survivre, elle doit instaurer une harmonisation fiscale et réglementaire, une cohésion économico-politique, concrétisée notamment par un budget fédéral. Cela ne pourra se faire qu'en respectant les règles de la cohésion. Autrement dit, la zone euro, aimez-la ou quittez-la !

12.
DU GREXIT AU GERXIT ?

On connaît la faiblesse de la croissance structurelle de la zone euro : environ 0,8 %, contre 2,3 % à la fin des années 1990, et 2,5 % aujourd'hui aux États-Unis. Mais la zone euro est également affaiblie par l'inefficacité criante de sa gouvernance. En fait, dès le début de l'UEM, le ver était dans le fruit, voire dans le bourgeon. En effet, une zone monétaire n'a de sens que si elle réunit des pays économiquement proches, idéalement semblables et parfaitement intégrés. Ils doivent ainsi former ce que l'on appelle une zone monétaire optimale (ZMO), garantissant une harmonisation des conditions fiscales et des réglementations et un marché du travail unifié. Un budget fédéral doit permettre, notamment, d'éviter les chocs asymétriques au sein de ladite zone. En d'autres termes, il doit prendre en charge les dépenses supplémentaires d'un pays membre affecté de manière isolée par un choc exogène – par exemple, une vague d'attentats, un séisme, une crise financière. Ce budget sera également financé par un organe fédéral qui s'endettera au nom de la ZMO, mutualisant ainsi les risques. Cette solidarité à toute épreuve impose une condition sine qua non : le respect des règles communes, particulièrement en termes de comptes publics et de fonctionnement du marché du travail. On évitera ainsi que les plus vertueux paient pour ceux qui laissent déraper leurs déficits publics, sachant que l'on viendra les sauver quoi qu'il arrive. Cet « aléa moral », a été malheureusement observé dans de nombreux pays de la zone euro, à commencer par la Grèce, mais aussi en France.

En effet, une fois intégrés à la zone euro, ces pays ont bénéficié de taux d'intérêt obligataires durablement bas, que leurs structures économiques ne justifiaient pas. Se sentant libérés de toute contrainte, ils ont oublié de réformer leur fonctionnement, notamment leurs dépenses publiques, qui sont devenues pléthoriques et de plus en plus inefficaces. Il est clair que sans la protection de l'euro, donc de l'Allemagne, ils n'auraient pas pu alimenter la « bulle de la dette » qui a débouché sur la crise du même nom, en 2010. Pour un bon fonctionnement de la zone euro, il était donc primordial d'imposer un espace monétaire composé de pays économiquement très proches et prêts à respecter scrupuleusement les règles de l'UEM. Malheureusement, on a créé une zone euro élargie. Au lieu de consolider les fondations, les dirigeants politiques de la fin des années 1990 ont préféré commencer par le troisième étage de l'édifice, échafaudant ainsi une tour de Pise plutôt qu'un Empire State Building. Une fois amorcée, la fuite en avant s'est poursuivie, culminant dans une crise grecque qui a mis en exergue les carences structurelles de l'UEM. En effet, à la base, c'est-à-dire fin 2010, la facture de la crise grecque s'élevait à une quinzaine de milliards d'euros. Aujourd'hui, elle atteint 435 milliards d'euros et ce n'est malheureusement pas terminé. Tout cela pour... éviter un Grexit, c'est-à-dire une sortie de la Grèce de la zone euro. Pourtant, disons-le clairement, le Grexit n'est pas le problème, mais la solution.

LE GREXIT N'EST PAS LE PROBLÈME MAIS LA SOLUTION

La situation commence à devenir grotesque à partir de l'élection, en janvier 2015, d'Alexis Tsípras. À l'instar de ses prédécesseurs, mais quelques degrés au-dessus sur l'échelle de la malhonnêteté, le nouveau Premier ministre grec ne cesse de jouer au poker menteur avec l'ensemble de la communauté internationale. Et cela fonctionne ! Les États eurolandais, en effet, continuent de courber l'échine. Pis, non seulement les réformes annoncées n'ont pas été engagées – notamment en matière de levée de l'impôt, qui reste donc toujours problématique –, mais la récession est revenue en Grèce, aggravant mécaniquement les déficits publics et, bien sûr, la dette. Dans ce cadre, il est clair que si l'extrême gauche reste au pouvoir, en refusant d'engager une modernisation économique réelle – collecte d'impôts, cadastre, marché du travail, transparence financière... –, les Eurolandais doivent lui refuser tout nouveau cadeau. Sinon, d'autres Syriza surgiront et la zone euro explosera assez rapidement. La montée en puissance de Podemos en Espagne – en dépit d'une légère perte de vitesse aux élections de juin dernier – illustre parfaitement ce danger. Or, si la Grèce représente moins de 2 % du PIB eurolandais, l'Espagne avoisine les 9 %. Une crise à la grecque chez nos voisins ibères signifierait la fin imminente de la zone euro, avec tous les drames économiques, financiers et sociaux qui en découleraient.

Autrement dit, le Grexit – pour peu qu'il soit organisé et contrôlé, donc sans Syriza – constituerait un mal pour un bien. Ne nous leurrons pas, dans l'histoire contemporaine et même plus ancienne, ceux qui ont fait défaut n'ont connu que deux issues : soit le chaos, la guerre civile et/ou la féodalisation à d'autres pays, notamment via la vente d'actifs, voire l'abandon de souveraineté ; soit une forte dévaluation, passage obligé pour retrouver le chemin de la croissance et de l'emploi. La Grèce ne pourra renouer avec une croissance significative et durable tant qu'elle ne bénéficiera pas d'une devise justement évaluée. Or, le niveau d'équilibre pour la Grèce est de 0,70 dollar pour un euro. Dans la mesure où les Allemands ne laisseront jamais l'euro tomber aussi bas, il est clair que la Grèce devra sortir de l'UEM pour retrouver une devise « normale ». Bien entendu, la dévaluation se traduira à court terme par une augmentation de l'inflation. Mais la Grèce étant aujourd'hui en déflation, la remontée des prix restera limitée. De plus, les effets positifs de l'augmentation des exportations, de l'amélioration de l'activité nationale et du retour progressif des investisseurs grecs et internationaux, seront largement supérieurs aux effets négatifs d'un léger accroissement de l'inflation. N'oublions jamais qu'une inflation modérée permet de créer une dynamique d'investissement et de consommation, avec à la clé l'emploi, la baisse du chômage et le recul des déficits publics.

Une fois que la Grèce aura retrouvé ses forces, elle pourra revenir dans une zone euro, renforcée après avoir montré au monde que l'UEM est une entité crédible, avec des règles respectées par ses membres. À ce prix, la zone euro pourra alors connaître son aboutissement, en l'occurrence la création d'une union politique, avec une harmonisation des conditions fiscales, un marché du travail unifié et un budget fédéral financé par des eurobonds. Si nous y parvenons, la crise grecque aura finalement servi à renforcer l'UEM. Sinon, il faut malheureusement être clair : les dissensions entre pays membres s'aggraveront, y compris entre la France et l'Allemagne. Or, sans un couple franco-allemand fort et soudé, la construction européenne battrait de l'aile. Dans ce cadre, si les tensions s'exacerbent et si les divergences économiques, financières et politiques se creusent, la zone euro finira forcément par exploser. Une nouvelle fois, l'Europe redeviendra le théâtre d'affrontements, d'abord économiques, puis très vite géopolitiques. Encore plus grave, la Grèce tombera mécaniquement en faillite et sera contrainte de trouver un « repreneur » extérieur à l'Union européenne. Peut-être la « mère Russie » dont Tsípras n'a cessé de rencontrer le chef, Vladimir Poutine, depuis son élection. C'est d'ailleurs à se demander si tel n'est pas son but depuis le départ...

Malgré ces risques évidents, tout le gratin politique eurolandais refuse de voir la réalité en face, à commencer par le président de la République française qui se présente comme l'instigateur principal du sauvetage permanent de la Grèce. Il faut tout de même rester sérieux : qui croit encore que la Grèce remboursera sa dette et même les intérêts de celle-ci ? Et que Tsípras va vraiment engager les réformes demandées par les Eurolandais ? Soyons réalistes : la Grèce, la France et les Européens ne font que gagner du temps, en attendant l'inévitable, c'est-à-dire le non-remboursement de tout ou partie de la dette grecque. Mieux vaut payer, pensent la majorité des hommes politiques français, plutôt que prendre le risque d'un Grexit... Au-delà de l'erreur de raisonnement et de stratégie, le vrai drame est que la nouvelle crise grecque a détérioré l'image de l'Allemagne au sein de l'Union européenne, et dans l'Hexagone où elle a été montrée du doigt avec des références historiques parfois pitoyables. Un ressort a bien été cassé et il sera difficile de le réparer d'autant que, outre-Rhin, de plus en plus de voix s'élèvent pour critiquer la zone euro. À force d'imaginer que la Grèce pourra en sortir, on a fini par oublier que le pays le plus enclin à claquer la porte pourrait bien être l'Allemagne. Le ministre des Finances, Wolfgang Schäuble, et Angela Merkel ne cessent de souligner que la zone euro traverse une crise existentielle, tout en s'interrogeant sur la place de l'Allemagne dans l'Union économique et monétaire (UEM).

Certes, les Allemands oublient un peu trop vite que la zone euro a été une chance pour eux. Elle leur a permis de figer leur monnaie vis-à-vis de celles de leurs principaux partenaires européens, évitant par là même de pâtir d'un taux de change trop élevé. En d'autres termes, il est clair que si l'euro n'existait pas, le Deutsche Mark se serait fortement apprécié face aux autres devises européennes, et cela au détriment des exportations. À l'inverse, l'Allemagne a aujourd'hui la chance de disposer d'un marché colossal et presque captif, avec un taux de change favorable. Cet argument est imparable. Il montre que l'Allemagne n'aurait pas forcément intérêt à sortir de la zone euro. Il doit néanmoins être relativisé. En effet, les exportations des entreprises allemandes reposent principalement sur la qualité et la technicité de leurs produits. Ainsi, avec un Deutsche Mark fort, elles auraient tout de même pu continuer à exporter abondamment. En outre, n'oublions pas qu'à l'inverse de la majorité de ses partenaires européens, l'Allemagne a su diversifier les destinations et miser très vite sur les pays émergents en forte croissance. C'est d'ailleurs la principale raison pour laquelle les exportations allemandes restent dynamiques même lorsque l'euro est trop fort.

Outre-Rhin, les entreprises bénéficient également d'une forte modernisation de leur économie, traduite notamment par une diminution de l'impôt sur les sociétés, un marché du travail plus flexible, un amoindrissement du coût de la main-d'œuvre et, plus globalement, une réduction des dépenses publiques. Avoisinant les 50 % du PIB il y a moins de dix ans, elles n'en représentent plus que 43 % aujourd'hui. Sur ce point précis, les Allemands peuvent taper du poing sur la table. Après avoir, eux aussi mais avant tout le monde, sombré dans une crise dramatique en 2001-2003, ils ont pris le taureau par les cornes et rompu avec l'atonie économique. Ils ont fini par retrouver le leadership de la croissance de la zone euro. Ayant relégué leurs complexes aux oubliettes, les Allemands souhaitent désormais retrouver également leur hégémonie politique et imposer leur vision du monde à l'ensemble de la zone euro. Confirmant ce renouveau, le ministre des Finances, Wolfgang Schäuble, et la chancelière Angela Merkel n'hésitent d'ailleurs plus depuis quelques années à lancer régulièrement un message clair et cinglant à leurs partenaires : « Faites donc comme nous. »

Si, depuis l'après-guerre, l'Allemagne a constamment avalé des couleuvres, elle ne semble plus disposée aujourd'hui à voler au secours de ses partenaires européens aussi facilement. Elle pose au moins une condition : que les pays eurolandais engagent les réformes qu'elle a elle-même menées depuis dix ans. Sinon, à l'image de son comportement à l'égard de la Grèce, elle retrouvera le pouvoir de dire *Nein!* Dans ce cadre, à force d'avoir répété « faites comme nous » sans être suivie, elle pourrait tout simplement se retirer de la zone euro et revenir à sa proposition initiale d'une UEM limitée à des pays économiquement et socialement proches – en l'occurrence les Pays-Bas, la Belgique, l'Autriche et le Luxembourg. Une crise sans précédent s'imposerait alors aux autres pays européens. Certes, ces derniers bénéficieraient d'une devise plus faible et d'une inflation plus forte, voire d'une dette publique renégociée à la baisse. Reste à savoir si leur perte de crédibilité pourrait être rapidement surmontée. Car si l'on connaît le début d'une telle catastrophe, on en ignore souvent la fin...

En conclusion, le Grexit pourrait très rapidement revenir sur le devant de la scène ou céder la place à un Gerxit – *Germany Exit* ! D'ores et déjà, il suffit de voyager outre-Rhin ou de lire la presse allemande pour comprendre la progression de l'euroscepticisme chez nos cousins germaniques. La levée de boucliers des milieux dirigeants contre la politique ultra-accommodante et très peu efficace de la BCE en est une nouvelle illustration. Mais sans attendre d'éventuels Grexit ou Gerxit, nous vivons d'ores et déjà un drame européen encore plus grave : le Brexit. Rappelons-nous. En 1999, Tony Blair claironnait que la participation de son pays à l'euro n'était qu'une question d'années... Aujourd'hui, nos voisins d'outre-Manche ont choisi de quitter l'Union européenne, entraînant le Vieux Continent et le monde occidental dans une crise dévastatrice.

13.
BREXIT : QUATRE DIVORCES ET UN ENTERREMENT

La trajectoire du Brexit évoque un peu celle de Donald Trump : au printemps 2015, la plupart des sondages lui accordaient 1 % des intentions de vote en vue de la primaire des Républicains. De même, jusqu'aux dernières heures précédant le référendum, une victoire facile du Bremain était annoncée. Le Brexit était tout simplement incroyable ! En dépit des mises en garde, de l'émotion suscitée par le meurtre de la députée Jo Cox et, surtout, du bon sens économique, les Britanniques ont finalement choisi de sortir de l'Union européenne.

Le 23 juin 2016 restera ainsi dans l'histoire comme une triste journée pour le Royaume-Uni et surtout pour l'Union européenne.

C'est bien connu, l'humour anglais est très particulier et pas toujours très drôle. Il a néanmoins engendré quelques comédies cinématographiques sympathiques telles que celles des *Monty Pithon*, *Good Morning England* ou encore *Trois mariages et un enterrement*. Les ingrédients sont généralement les mêmes : scénario improbable, humour décalé, héros schizophréniques et suicidaires, le tout dans un environnement plutôt glauque.

Avec le Brexit, les Britanniques ont donc décidé de nous faire le même coup, mais cette fois-ci dans la vie réelle et avec des conséquences qui risquent d'être bien plus dramatiques qu'au cinéma. Le Brexit consacre effectivement quatre divorces et un enterrement.

Le premier coule de source ou plutôt des urnes, puisqu'il s'agit du divorce entre le Royaume-Uni et l'Union européenne. Après quarante-trois ans de vie commune et très mouvementée, cette séparation paraît presque logique. En effet, depuis son entrée dans la CEE en 1973, les négociations entre la perfide Albion et l'Union européenne ont toujours été âpres et souvent à sens unique. La non-participation du Royaume-Uni à la zone euro était d'ailleurs une manifestation forte du refus britannique d'aller trop loin dans la construction européenne. Tout comme, son opposition au pacte budgétaire de décembre 2011.

Deuxième divorce, celui qui s'observe au sein même du Royaume-Uni. Car si l'Angleterre et le pays de Galles ont massivement voté pour le « Leave » (avec même un taux de 60 % dans les Midlands), l'Écosse et l'Irlande du Nord se sont largement exprimées pour le Remain (respectivement 58 % et 56 % des voix). De quoi rappeler que le Royaume de Sa Majesté est tout sauf Uni. Dans ce cadre, de nouvelles velléités d'indépendance de l'Écosse, voire de l'Irlande du Nord, sont à craindre, avec toutes les tensions sociétales que cela suppose.

Troisième divorce, celui qui s'observe entre les « jeunes » et leurs aînés. Même si les études sur la question doivent être prises avec des pincettes (dans la mesure où elles portent sur des échantillons restreints), il ressort qu'environ 65 % des Britanniques de moins de 25 ans auraient voté pour le Bremain, alors que 60 % des plus de 65 ans auraient voté pour le Brexit. Cette dichotomie reflète notamment le malaise intergénérationnel qui prévaut outre-Manche (comme d'ailleurs dans beaucoup de pays occidentaux), entre des jeunes qui veulent encore croire en l'Europe et des moins jeunes qui ont vécu tant de déceptions à l'égard de l'Europe. Car, ne l'oublions pas, les générations du baby-boom et celle des années 1970 ont grandi avec la construction européenne. Elles y ont mis beaucoup d'espoirs mais n'ont récolté que de piètres résultats en termes de croissance et d'emploi. Un tel décalage entre les attentes et les réalisations peut en partie expliquer l'ampleur de l'euroscepticisme pour les générations qui étaient pourtant les fers de lance de la construction européenne.

Quatrième divorce, qui s'observe lui aussi dans la plupart des pays européens, celui entre les « élites » et le « peuple ». En effet, à force de répéter que tous nos maux sont dus à l'Europe, il ne faut pas s'étonner que les populations se liguent contre l'Europe. Nous avions d'ailleurs observé le même phénomène en France en 2005, lors du « Non » au référendum sur la constitution européenne. Face à cette montée de l'euroscepticisme, voire de l'europhobie, les dirigeants politiques et les technocrates européens ont une forte part de responsabilité. Par manque de pédagogie et à cause de décisions bien peu efficaces, ceux-ci ont effectivement terni l'image de l'Union européenne et dévoyé son but. Celle-ci devait être un havre de croissance forte et de chômage faible, elle est devenue l'une des lanternes rouges de la croissance mondiale et un « havre » de réglementations et de rigidités en tous genres.

Dès lors, en l'absence d'un vrai projet européen pour la croissance et l'emploi, les populations sont évidemment tentées de revenir en arrière, de se replier sur elles-mêmes et de dire « non » à l'Europe.

D'où le triste épilogue très probable de cette comédie dramatique à l'anglaise, en l'occurrence l'enterrement de l'Union européenne. Car, ne nous leurrons pas, si les dirigeants européens ne lancent pas rapidement un électrochoc en faveur d'une Europe moins rigide, plus pragmatique et plus féconde en emplois, le Brexit fera des émules. Et ce, a fortiori si le Royaume-Uni réussit à se redresser après sa séparation de l'Union européenne.

LE ROYAUME-UNI MIEUX ARMÉ QUE LA FRANCE ET LA ZONE EURO CONTRE LA CRISE

C'est d'ailleurs sur ce point que la campagne de Cameron et des pro-Europe contre le « Leave » a été calamiteuse. Au lieu de montrer l'apport de l'Union européenne au Royaume-Uni, ils ont fondé leur campagne sur un catastrophisme aussi excessif qu'erroné. Ainsi, à l'instar de la plupart des « commentateurs » européens bien-pensants, Cameron et les siens ont martelé que la sortie de l'Union européenne engendrerait un cataclysme pour le Royaume-Uni.

Certains prévoyaient, par exemple, une baisse du PIB britannique de 5 % à 10 %. D'autres affirmaient que la City, la place financière de Londres, devrait émigrer à Paris – quelle bonne blague ! – tandis que de nombreuses entreprises britanniques délocaliseraient leur siège social en France, entraînant des milliers, voire des centaines de milliers de destructions d'emplois. Beaucoup prévoyaient l'affaiblissement politique de la « perfide Albion » qui perdrait l'Irlande et l'Écosse, tout en sombrant dans une crise politico-sociale dramatique. Nul n'est allé jusqu'à annoncer la fin de la monarchie et la mise sous tutelle par le FMI et les États-Unis. Mais tous imaginaient des scénarios tellement dramatiques que ni James Bond ni Dieu ne seraient parvenus à sauver la *Queen*...

Soyons sérieux : toutes ces anticipations sont complètement fausses. Quel chef d'entreprise britannique serait assez fou pour installer son siège dans un enfer réglementaire et fiscal comme la France alors qu'il dispose de nombreux paradis fiscaux juste à côté, tels l'Irlande ou le Luxembourg ? D'ailleurs, les mêmes élucubrations faisaient florès lors du refus des Britanniques d'entrer dans la zone euro. Mieux, ou plutôt pis pour les partisans de l'euro à tout prix, la non-participation du Royaume-Uni à la monnaie unique lui a permis, par exemple, de bénéficier d'une politique monétaire réactive et accommodante. Ainsi, pendant qu'en 2007-2008, la BCE augmentait ses taux directeurs, la BoE (Bank of England) les diminuait. Ensuite, en pleine crise de 2008-2009, alors que la BCE refusait de baisser son taux refi[15] sous 1 %, la BoE le ramenait à 0,5 %. En 2011, même punition pour la zone euro qui a subi une augmentation du taux refi de la BCE, alors que la BoE a maintenu son taux de base à 0,5 % et a activé une « planche à billets » salutaire. Parallèlement, alors que l'UEM a pâti d'un euro trop fort, les Britanniques ont très vite bénéficié d'une dépréciation de la livre sterling. Enfin, pendant que les Eurolandais étaient occupés à pallier les déboires grecs à coups de milliards d'euros, les Britanniques engageaient une politique budgétaire particulièrement efficace.

Résultat : du premier trimestre 2000 au premier trimestre 2016, le PIB britannique a augmenté de 32,6 % (hors inflation, bien entendu), contre 18,3 % pour celui de la zone euro. L'évolution du PIB depuis le premier trimestre 2008 (juste avant le début de la dernière crise) jusqu'au premier trimestre 2016 est encore plus dérangeante : + 7,2 % au Royaume-Uni, + 0,5 % dans la zone euro.

Que dire alors des variations du PIB par habitant à prix constants depuis 1980 : + 93 % outre-Manche, contre + 69,4 % dans la zone euro et + 55,7 % en France[16].

Encore plus douloureux pour nous Français : l'évolution du classement mondial du PIB par habitant en dollars courants depuis 1995. À l'époque, la France était douzième et le Royaume-Uni dix-huitième. Aujourd'hui, la France est tombée à la vingt-deuxième place, tandis que le Royaume-Uni est monté à la quatorzième. Cherchez l'erreur...

Malheureusement, il y a encore pire : l'emploi, en l'occurrence. En données harmonisées par Eurostat, le taux de chômage britannique est actuellement de 5 %, contre 10,2 % dans la zone euro et 9,9 % en France (hors DOM TOM). Le taux de chômage des moins de vingt-cinq ans est légèrement inférieur à 13 % au Royaume-Uni, contre 21 % dans la zone euro et près de 24 % dans l'Hexagone. Or, au plus fort de la dernière crise, le taux de chômage des Britanniques de moins de

15. Le taux de la BCE est appelé taux refi ou encore taux de refinancement. Il correspond au taux que les banques doivent payer lorsqu'elles empruntent de l'argent à la BCE.
16. Voir en annexe les graphiques et tableaux pages 214 et 215.

vingt-cinq ans était quasiment identique à celui de leurs homologues français et eurolandais. En septembre 2011, il est même passé au-dessus, à précisément 22,3 % contre 21,4 % dans la zone euro et 21,9 % en France. En 2016, en dépit des nombreux emplois aidés, le chômage des moins de vingt-cinq ans est resté quasiment identique dans la zone euro, mais a augmenté en France. À l'inverse, avec beaucoup moins d'aides et de dépenses publiques mais beaucoup plus de croissance et de flexibilité, le taux de chômage des jeunes Britanniques a perdu près de 10 points.

Depuis le début des années 1990, le Royaume-Uni a stabilisé le poids de ses dépenses publiques autour de 40 % de son PIB. Il a pu ainsi réduire la pression fiscale et soutenir sa croissance structurelle qui est passée d'environ 1,2 % au début des années 1990 à 2,5 % actuellement. La France, au contraire, n'a cessé d'augmenter le poids des dépenses publiques dans son PIB : 49,6 % en 1990, 54,2 % en 1995 et 57 % aujourd'hui. Parallèlement, elle a pratiqué une augmentation maladive de la pression fiscale qui a engendré in fine un affaiblissement de sa croissance structurelle, tombée de 2 % en 1995 à environ 0,8 % aujourd'hui. Il faut néanmoins souligner que le solde de la balance courante du Royaume-Uni ne l'emporte pas sur celui de la France et de la zone euro. En effet, nos voisins d'outre-Manche affichent un déficit courant chronique d'environ 4 % du PIB, contre un quasi-excédent pour la France et un excédent courant structurel d'environ 2,5 % du PIB pour l'ensemble de la zone euro – principalement grâce à l'Allemagne.

Ouf ! Dans le match économique avec le Royaume-Uni, la zone euro pourra sauver l'honneur et marquer un point, après en avoir encaissé... cinq ! Autrement dit, il n'y a pas photo. Néanmoins, on comprend pourquoi les Britanniques n'ont jamais voulu de l'euro et ne veulent plus de l'Union européenne, qui brille par un surcroît d'impôts et de réglementations contraignantes, mais un déficit constant de croissance. On comprend également pourquoi l'argument catastrophiste du coût économique d'une éventuelle sortie du Royaume-Uni de l'Union européenne a été complètement contre-productif. Et pour cause : plus on a voulu faire croire aux Anglais qu'ils seraient perdus sans l'Union, plus ils ont eu envie de la quitter juste pour prouver leurs capacités de résistance. Comme disait André Malraux : *« L'Angleterre n'est jamais plus grande que lorsqu'elle est seule... »* En outre, la Suisse, la Norvège ou encore la Turquie, restées hors de l'Union européenne, ne s'en sortent pas si mal. De plus, dans le cadre du Brexit, les Anglais pourront renégocier leurs accords commerciaux. Les droits de douane de l'Union sur les produits *made in UK* ne flamberont pas. Les prédictions d'effondrement des exportations et du PIB britanniques sont totalement exagérées.

En fait, le Brexit sera certainement beaucoup plus coûteux pour l'Union européenne. Une fois ouverte, la boîte de Pandore de l'*exit* ne pourra plus être refermée. D'ores et déjà, la contagion menace. Oui, le choix malheureux des Britanniques a définitivement cassé la construction européenne telle que nous la connaissons depuis l'après-guerre. La tempête financière, commencée dès le 24 juin 2016, va donc se poursuivre, voire s'intensifier, avec bien sûr des phases d'accalmie liées notamment à l'excès de liquidités déversées par les banques centrales. Mais, au final, l'onde de choc pourrait être plus dévastatrice que celle qui a suivi la faillite de Lehman Brothers en septembre 2008. À l'époque, les autorités monétaires et budgétaires internationales ont agi massivement pour relancer la machine économique et financière.

Aujourd'hui, même si les banques centrales sont en train d'intervenir sur les marchés pour limiter la casse, les cartouches de la politique économique restent très limitées pour ne pas dire inexistantes. Et pour cause : les taux d'intérêt monétaires sont proches de 0 %, la « planche à billets » a déjà été utilisée et les déficits publics restent trop élevés pour permettre une relance budgétaire – excepté en Allemagne. Dans ce cadre, le tsunami du Brexit risque d'être plus tenace et dévastateur que celui de 2008. Le vrai drame du Brexit ne concerne pas prioritairement le Royaume-Uni mais le monde qu'il précipite vers l'inconnu pour la troisième fois en vingt ans, après le 11-Septembre 2001 et la faillite de Lehman Brothers. Nietzsche disait : *« Ce qui ne me tue pas me rend plus fort. »* Certes, encore faut-il rester vivants...

Le drame du Brexit doit être utilisé par les dirigeants européens pour faire de l'Union une terre de croissance forte. Sinon, les populismes et l'euroscepticisme continueront de se développer. Malheureusement, aucun dirigeant politique européen ne dispose du charisme et de la volonté nécessaires pour impulser un sursaut au Vieux Continent. En conclusion, notre aveuglement risque de nous conduire vers le krach boursier, puis le krach obligataire et surtout la récession et la montée du chômage. Une vraie horreur économique. Bon courage à tous !

14.
LA FRANCE, PLUS BEAU PAYS DU MONDE ?

Ah ! Qu'il paraît loin le temps où lorsque les Français partaient à l'étranger, on les accueillait le sourire aux lèvres, en disant avec une pointe d'envie : « Ah, la France, quel pays formidable ! Vous en avez de la chance ! »

Aujourd'hui, en fait depuis quelques trimestres, et a fortiori depuis le drame de Nice, les sourires ont été remplacés par des mines tristes et inquiètes : « Oh, you are French, we are so sad for you ! » Et très vite, la compassion est remplacée par une forme d'inquiétude teintée de colère : « Mais qu'attendez-vous pour réagir ? Que font les dirigeants du pays pour assurer votre sécurité ? »

Que ce soit en Asie, en Afrique, en Amérique latine ou aux États-Unis et bien sûr en Europe, telles sont les remarques régulières que les Français, et votre serviteur par la même occasion, peuvent essuyer en ce moment.

Certes, comme je ne cesse de le répéter : de par ses paysages, son positionnement géographique, ses infrastructures routières, ses monuments, sa capitale et l'ensemble de ses villes et villages, la France est certainement l'un des plus beaux pays du monde.

Mais, malheureusement, ces atouts sont devenus des pièges. En effet, persuadés que grâce à ses avantages naturels et à son histoire, la France ne pourra jamais tomber de son piédestal, de nombreux Français et quasiment tous leurs gouvernants ont refusé de voir la réalité en face et ont interdit la moindre réforme de fond. Que ce soit d'un point de vue économique, social, sociétal et sécuritaire.

Pour mieux faire avaler la pilule, la méthode Coué a été érigée en stratégie unique, espérant qu'à force d'annoncer que tout va bien, tout finira par aller bien. Ce déni de réalité a commencé en 1981. À l'époque, en pleine récession mondiale, les Mitterrand, Mauroy, Attali et consorts voulaient nous faire croire que tout irait mieux en augmentant massivement la dépense et la dette publiques. Quelle erreur stratégique ! Malheureusement, en dépit du bon sens, tous les dirigeants suivants ont continué dans cette même voie suicidaire. Si bien que la dette publique est passée de 20 % du PIB en 1980 à près de 100 % aujourd'hui. Dans le même temps, la croissance structurelle est tombée de 2,5 % à 0,8 %. Quant au nombre de chômeurs, il n'a cessé d'augmenter, battant record sur record.

Mais peu importe, on a continué de nous affirmer que tout allait bien. Depuis 2010, l'ingéniosité sémantique des dirigeants politiques français a même atteint des sommets. Tout a effectivement été essayé : « la crise est finie »... « la reprise est là »... « le chômage va fortement baisser » et, dernièrement, « ça va mieux ». Avec, pour seuls résultats : une croissance économique proche de 0 % et un chômage historiquement élevé, en dépit des artifices comptables pour masquer la réalité.

NON, MONSIEUR HOLLANDE, LA REPRISE N'EST PAS LÀ ET LE CHÔMAGE NE BAISSE PAS

Certes, début 2016, certains chiffres – ils étaient exceptionnels ! – ont entretenu beaucoup d'illusions. Ainsi, après avoir déjà augmenté de 0,4 % tant au troisième qu'au quatrième trimestre 2015, le PIB français a progressé de 0,7 % au premier trimestre.

Dans le même temps, la Dares (Direction de l'animation de la recherche, des études et des statistiques) a annoncé que le nombre de chômeurs de catégorie A en métropole avait reculé de 60 000 personnes en mars et de 19 900 en avril. De telles « baisses » n'ont jamais été réalisées, sauf à la fin de l'année 2000, c'est-à-dire en pleine révolution Internet et avec une croissance économique d'environ 4 %. Aujourd'hui, il n'y a pas de révolution technologique majeure dans l'Hexagone et la croissance française oscille entre 1 % et 1,5 %. Cherchez l'erreur...

Mais la fête a été de courte durée. Et pour cause : dès le deuxième trimestre 2016, le PIB français a connu une croissance zéro. En fait, pour être exact, celui-ci a même baissé de 0,04 %. Après la vigueur exceptionnelle du premier trimestre 2016, le PIB national reprend donc son petit bonhomme de chemin, en l'occurrence celui de l'atonie.

Le plus inquiétant est que cette contre-performance a été réalisée en dépit de la tenue de l'Euro 2016 dans l'Hexagone, évènement qui a mécaniquement soutenu les dépenses touristiques et les dépenses de consommation dans leur ensemble. Autrement dit, sans ce soutien artificiel, le PIB français aurait nettement baissé.

D'ailleurs, le détail des comptes nationaux montre combien l'économie hexagonale reste fragile. Et pour cause : tous les postes clés de la demande ont soit stagné, soit baissé. Ainsi, après un bond exceptionnel de 1,2 % au premier trimestre 2016, notamment grâce à la vigueur des dépenses dans le secteur automobile, la consommation des ménages a stagné au deuxième trimestre.

Parallèlement, après un tout petit sursaut de 0,2 % au premier trimestre 2016, l'investissement logement des ménages est reparti à la baisse, régressant de 0,1 % au deuxième trimestre. Par rapport à son précédent sommet du quatrième trimestre 2007, cet agrégat moteur de l'économie française (selon le fameux adage « quand le bâtiment va, tout va... ») accuse un plongeon de 19,8 % ! En fait, à prix constants, le niveau actuel de l'investissement logement des Français est quasiment équivalent à celui qui prévalait au premier trimestre 1980[17] !

Autre bien mauvaise nouvelle : après huit trimestres de rebond appréciable, principalement via un effort de remplacement des équipements existants et donc de correction technique de la faiblesse passée, l'investissement des entreprises non financières est également reparti sur le chemin de la régression. Certes, son repli n'a été que de 0,2 % au deuxième trimestre 2016. Pour autant, cette baisse montre que la faiblesse des taux d'intérêt et la largesse de la « planche à billets » de la BCE sont particulièrement peu efficaces dans l'Hexagone.

Enfin, pour ne rien arranger, les exportations ont continué de régresser : - 0,3 % tant au premier qu'au deuxième trimestre 2016. Compte tenu de ces piètres résultats, leur glissement annuel est même reparti en territoire négatif (à précisément - 0,1 %). Du jamais vu depuis le quatrième trimestre 2009.

Au total, après quelques trimestres de répit, l'économie française est, sans surprise, retournée dans un cercle pernicieux dramatique. Et ce d'autant que les horribles attentats de juillet et le climat anxiogène qui en a découlé vont encore réduire la confiance, les dépenses et les investissements des ménages et des entreprises françaises. Sans parler du manque à gagner touristique, qui va fortement peser à la baisse sur l'activité économique.

Dans ce cadre, le PIB français devrait reculer d'environ 0,2 % au troisième trimestre 2016. Cela signifie donc qu'il reculera pendant deux trimestres consécutifs. En d'autres termes, comme je l'annonce depuis déjà quelques mois, la France est bien sur le point de retomber en récession.

17. Voir le graphique en annexe « Investissement logement en France : retour en 1980... » page 216.

Dès lors, et même si un rebond s'observe au quatrième trimestre, notamment grâce aux cadeaux pré-électoraux de l'exécutif, la croissance annuelle moyenne du PIB français devrait tout juste atteindre 1 %. Soit très loin des prévisions gouvernementales.

Ce qui se traduira mécaniquement par une remontée du chômage, mais aussi des déficits publics et de la dette.

Le mandat de François Hollande avait commencé dans la récession et le chômage élevé, il devrait donc se terminer dans des conditions similaires, mais avec quelques degrés supplémentaires sur l'échelle de la médiocrité économique et sociale.

Certes, le chômage reculera au cours de certains mois, comme cela a pu s'observer au printemps. Mais il faut être clair : au risque de faire de la peine à notre Président pour qui « la reprise est là », cette baisse du chômage est fallacieuse. Elle correspond simplement à la mise en place de postes de formation, qui imposent de faire passer des chômeurs de la catégorie A aux catégories D ou E. Et cela va se prolonger avec la création par le gouvernement d'environ 500 000 postes supplémentaires de formation d'ici le début de 2017. Que deviendront ces chômeurs maquillés après 2017 ? La question reste entière, mais le coût de cet artifice est déjà connu : environ 2 milliards d'euros... En outre, il ne faudrait pas aller trop vite en besogne : en dépit de la baisse de mars-avril, qui a d'ailleurs été en partie corrigée en mai et juin, le nombre de chômeurs reste extrêmement élevé : 3,525 millions en catégories A en métropole et 6,503 millions toutes catégories sur l'ensemble du territoire français. Nous sommes donc toujours très loin du plein-emploi.

Parallèlement, les données de toutes les enquêtes, notamment celles des directeurs d'achat interrogés par Markit, et celles de l'Insee auprès des chefs d'entreprises et des ménages, sont restées particulièrement moribondes. Autrement dit, si selon les chiffres officiels, la reprise était bien là pendant environ deux trimestres, les Français sont demeurés las... Car ils n'y croyaient pas. À juste titre !

ARRÊTONS LA MÉTHODE COUÉ

Autrement dit, une nette correction baissière du PIB et de l'emploi va se produire au cours des prochains trimestres. Ce mouvement sera notamment alimenté par les dérapages sociaux passés et à venir dans l'Hexagone, le ralentissement de la croissance mondiale, mais aussi les risques internationaux, tels que le retour de la crise grecque, les difficultés engendrées par le Brexit, la remontée intempestive de l'euro par rapport au dollar, ou encore le renchérissement progressif du pétrole et des matières premières. Mais sans attendre les prochains chiffres, un coup d'œil en arrière permet aisément de comprendre l'ampleur du déclassement de la France depuis vingt-cinq ans.

Entre 1990 et 2015, la croissance structurelle de l'économie française est ainsi passée de 2,5 % à 0,8 %, son taux de chômage de 8 % à 11 %. Sur cette même période, le poids des dépenses publiques dans le PIB a augmenté de 49,5 % à 57 %. Son déficit public structurel est resté stable à environ 3,5 % du PIB. Conséquence logique de ces dérapages, sa dette publique a grimpé de 35,2 % à environ 97 % du PIB en 2016. Confirmant le caractère contre-productif de cette gabegie de dépenses publiques, le taux de pauvreté a augmenté de 6,6 % en 2002 à 8 % en 2013 : ainsi 4,953 millions de personnes vivaient avec un revenu inférieur ou égal à 50 % du revenu médian qui s'élevait à 20 000 euros annuels en 2013. Si l'on « montait » le seuil de pauvreté à 60 % du revenu médian, on dénombrait 8,648 millions de Français (soit 14 % de la population) qui vivaient avec moins de 1 000 euros net par mois – tous revenus confondus, y compris les aides et autres subventions.

Le tableau synthétique de l'évolution de l'économie française de 1980 à 2020, présenté en annexe, page 217 (« La France de 1980 à 2020 : dur, dur... »), montre que si rien ne change, la situation empirera à l'horizon 2020. L'observation des PIB par habitant à travers le monde de 1985 à 2015 est tout aussi alarmante. Même si, par souci de simplification, ce comparatif est effectué en dollars courants – et n'intègre donc pas les différences de parités de pouvoir d'achat entre les pays –, il donne une bonne image de leur richesse. Il montre également combien le monde a changé au cours des dernières décennies, malheureusement au détriment de nombreux « Eurolandais », et notamment la France[18]. Ainsi, en 1985, le trio de tête était le suivant : les Émirats arabes unis (27 036 dollars par habitant), le Sultanat de Bruneï (19 982 dollars), les États-Unis (18 232 dollars). La France était alors dix-septième.

Dix ans plus tard, ceux-ci étaient relégués respectivement à la quinzième, dixième et vingt-septième place. Supplantés alors par le Luxembourg (51 190 dollars), la Suisse (48 717 dollars) et le Japon (42 536 dollars). L'Allemagne était alors sixième et la France douzième. Si le Luxembourg n'était plus détrôné et si la Suisse conservait sa deuxième place – du moins jusqu'à présent –, la position des autres pays sera sérieusement bouleversée au cours des années suivantes.

18. Voir en annexe, pages 217 et 218, les tableaux détaillés des chiffres qui vont suivre.

Ainsi, deuxième en 1995, le Japon se retrouve à la vingtième place en 2005, juste devant l'Allemagne. Quant à la France, elle recule de la douzième à la dix-septième place. En fait, seul pays de la zone euro à progresser, l'Irlande est passée de la trente et unième place en 1985 à la vingt-deuxième en 1995 et à la septième en 2005. Mais la crise de 2008-2009 va encore rebattre les cartes. Ainsi, en 2015, les cinq premières puissances mondiales en matière de richesse par habitant sont : le Luxembourg (101 994 dollars), la Suisse (80 675 dollars), le Qatar (76 576 dollars), la Norvège (74 822 dollars) et Macao (69 309 dollars).

En dépit de la crise, l'Irlande limite les dégâts à la neuvième place et l'Allemagne revient à la vingtième. Quant à la France, elle tombe à la vingt-deuxième, sa plus mauvaise position depuis l'existence de ces statistiques. Et compte tenu d'une croissance structurellement faible (de 0,7 % à 1 %) et d'une population qui continue d'augmenter plus que le PIB, la France va encore perdre du terrain au cours des prochaines années. Au risque de nous flageller encore davantage, soulignons que, mesuré en parité de pouvoir d'achat – en isolant les différences d'inflation et de taux de change –, le PIB par habitant de la France se situe en 2015 au vingt-septième rang mondial. Le puissant pays de notre enfance a changé de visage : croissance molle, chômage élevé et aides publiques inefficaces. On doit le dire, sans complaisance pour les « déclinologues », juste par souci de vérité afin que nos dirigeants et nos concitoyens trouvent le courage de relancer la France sur le chemin du dynamisme et du bien-être.

ÉPISODE IV

QUELLE POLITIQUE ÉCONOMIQUE POUR DEMAIN ?

15.
LA DÉFLATION, ENNEMI PUBLIC N° 1

Longtemps oubliée au profit des risques inflationnistes, la déflation est devenue le premier danger économique mondial, qu'aucune recette miracle ne permet de surmonter rapidement. Pour la zone euro dans son ensemble, la déflation est une réalité. Il y a encore quelques trimestres, la majorité des économistes annonçait qu'elle ne menacerait plus jamais l'Hexagone… Or, pour la deuxième fois de son histoire contemporaine, après 2009, l'économie française affiche un glissement annuel négatif de ses prix à la consommation. Certes, il n'y a pas matière à paniquer. D'une part, hors énergie et produits alimentaires, le glissement annuel des prix reste positif. Autrement dit, de la même façon que l'inflation énergétique des années 2008 ou 2011 ne s'était pas traduite par une flambée des prix hors énergie, la déflation récente des matières premières n'a pas engendré un mouvement généralisé. D'autre part, la baisse des prix peut également apparaître comme un bienfait dans la mesure où elle permet aux ménages de retrouver du pouvoir d'achat à court terme : lorsque les prix s'ajustent aux revenus, c'est-à-dire à la baisse, les ménages consomment. Autrement dit, dans la mesure où les prix ont trop augmenté au cours des dix dernières années par rapport aux revenus des Français, leur repli actuel remet quelque peu les pendules à l'heure.

Pour autant, la déflation n'est favorable qu'à court terme, et seulement si elle est temporaire. À l'inverse, si elle s'installe, les entreprises subissent une baisse durable de leur chiffre d'affaires, donc de leurs marges, voire enregistrent des pertes, ce qui les oblige à réduire leurs coûts et notamment leur masse salariale. Dès lors, le chômage augmente, les salaires reculent, la consommation se replie, les entreprises éprouvent encore plus de difficultés financières, d'où une nouvelle vague de licenciements... L'engrenage se révèle d'autant plus dangereux que les dettes publiques et privées sont élevées. Nous subissons donc aujourd'hui le retour de la *debt deflation*, catégorie de crise la plus grave, qui allie une bulle de la dette et une phase de déflation, donc de baisse des prix, générant trois principaux effets pernicieux.

Le premier est l'aggravation du coût réel de la dette, mesuré par le taux d'intérêt que l'on paie sur ladite dette, duquel on soustrait l'inflation. Plus l'inflation est élevée, plus le taux réel est faible et plus le coût de la dette se réduit. Ainsi, lorsque le taux d'inflation est supérieur au taux d'intérêt nominal, le taux réel est négatif et le coût de la dette est supporté par l'inflation. S'endetter revient donc à s'enrichir. À l'inverse, lorsque le taux d'inflation est négatif – nous sommes donc en déflation – comme aujourd'hui, le taux réel augmente, rendant de plus en plus difficile le remboursement de la dette.

Le deuxième effet pernicieux de la déflation est l'ajustement à la baisse de la production, engendré par une situation d'excès d'offre par rapport à la demande, entraînant immanquablement des destructions d'emplois, donc un affaissement des revenus, ce qui réduit encore la faculté des ménages à rembourser leurs emprunts.

Le troisième vice de la déflation est une augmentation du coût de la dette, provoquée par la baisse des revenus, qui oblige les acteurs économiques à vendre leurs biens pour essayer de rembourser leurs emprunts.

Cette situation, qui a prévalu lors du krach de 1929, s'est installée au Japon au début des années 1990 jusqu'en 2014, avant de réapparaître en 2016. Comme illustrée par ces deux catastrophes, la *debt deflation* peut durer plus de vingt ans. Au-delà de la baisse des cours des matières premières, nous subissons là le contrecoup des erreurs de la politique européenne des quinze dernières années. En effet, à force de lutter contre une inflation imaginaire, les dirigeants eurolandais ont fini par casser la croissance structurelle de la zone euro, déjà affectée par la faible efficacité de la puissance publique et par la montée de la pression fiscale. Or, contrairement au dogme répandu parmi nos élites, une inflation de 3 % n'a jamais tué personne. Au contraire, elle permet aux entreprises de mieux répercuter l'augmentation des coûts sur les prix de vente, donc de maintenir un niveau appréciable de leur marge et des salaires qu'elles distribuent. De plus, un peu d'inflation incite les ménages à ne pas différer leurs achats mais, au contraire, à dépenser au plus vite. Une dynamique de la demande s'installe alors, créant plus d'emplois, donc plus de revenus et plus de consommation.

Soyons clairs, nous ne sortirons pas de la crise actuelle sans le retour d'une inflation avoisinant les 3 %. Elle permettra de payer une partie des intérêts de la dette publique et de sortir la zone euro de sa crise existentielle. Toutefois, l'inflation ne se décrète plus comme dans les années 1980 et même 1990. À l'époque, le protectionnisme, les droits de douane prohibitifs, la faible concurrence, l'hégémonie des monopoles ou des oligopoles sur de nombreux marchés, ainsi que l'indexation des salaires sur les prix, « permettaient » de créer très facilement de l'inflation. Aujourd'hui, il n'en est rien. La preuve : en dépit d'une intense sollicitation de la « planche à billets » tant aux États-Unis qu'en Europe – qui aurait dû générer une forte inflation par un excès de monnaie comparativement à la création de richesses –, l'inflation reste faible outre-Atlantique et négative dans la zone euro. En fait, compte tenu de l'augmentation de la concurrence internationale mais aussi du développement des nouvelles technologies – qui permet de comparer plus facilement les prix et d'aiguiser encore plus une concurrence déjà acharnée –, la tendance est plutôt à la baisse des prix. Et ce, en particulier en Europe et en France, où l'ampleur du chômage empêche la hausse des salaires et joue négativement sur les prix. Dès lors, malgré une politique monétaire extrêmement accommodante, les banques centrales apparaissent incapables de sortir définitivement le monde de la déflation et, a fortiori, de le relancer sur le chemin de la croissance forte.

16.
LES BANQUES CENTRALES ET LE TONNEAU DES DANAÏDES

Dans la mythologie grecque, les Danaïdes sont les cinquante filles du roi Danaos qui, après avoir épousé leurs cousins, les tuent le soir des noces ; condamnées aux Enfers, elles doivent y remplir éternellement des jarres percées. De la même façon, après avoir tué la croissance forte dans les années 2000 – en particulier dans la zone euro –, les banques centrales de la planète ont déversé pléthore de liquidités, mais pour de bien piètres résultats. Elles ont tout essayé pour sortir le monde de la crise et de la déflation, au prix d'une sollicitation de la « planche à billets » extrêmement coûteuse, dont on ne mesure pas encore les conséquences négatives à long terme. Pour rappel : faire fonctionner la « planche à billets » revient à émettre de la monnaie ex nihilo, c'est-à-dire sans richesses correspondantes. En effet, en temps normal, pour créer de la monnaie, la banque centrale d'un pays doit disposer de compensations à l'actif de son bilan, en l'occurrence de l'or, des réserves de change et des titres, notamment des obligations d'État. Avec ces contreparties de la masse monétaire, il existe une corrélation entre la monnaie en circulation et la réalité économique du pays, qui permet notamment d'éviter les dérapages inflationnistes.

En revanche, lorsqu'une banque centrale actionne la « planche à billets », elle imprime des billets « sur la base de rien ». Avec cette « monnaie de singe », elle monétise la dette publique, c'est-à-dire qu'elle finance directement le déficit public. Cette stratégie comporte un triple avantage. Primo, l'État « éponge » son déficit gratuitement, sans faire appel aux investisseurs privés et/ou extérieurs. Secundo, comme l'État se passe des marchés obligataires, les taux d'intérêt restent bas, ce qui permet de faciliter le financement de l'investissement privé et de la consommation des ménages. Tertio, de par cet excès artificiel de liquidités, la devise du pays concerné se déprécie, soutenant par là même ses exportations et sa croissance. À côté de ces avantages, cette stratégie entraîne inévitablement un excès de création monétaire et une inflation galopante.

Il arrive cependant que cette « planche à billets » ne provoque pas automatiquement un dérapage des prix. Tel fut le cas de 2010 à 2016, notamment à cause de la faiblesse de la demande dans les pays développés. Cela suscita de nombreuses inquiétudes quant à l'avenir des politiques monétaires et aussi de l'économie planétaire. Le comportement récent des principaux banquiers centraux de la planète – Janet Yellen aux États-Unis, Mario Draghi dans la zone euro ou encore Haruhiko Kuroda au Japon – traduit un grand désarroi. Leurs récentes décisions et déclarations indiquent qu'ils ne semblent pas savoir où ils veulent nous mener... Certes, et fort heureusement, nous ne sommes plus dans le dogmatisme monétariste qui sévissait il y a plus de vingt ans aux États-Unis ou au Royaume-Uni et récemment encore dans la zone euro. Ainsi, un peu partout dans le monde, les banques centrales sont davantage préoccupées par la faiblesse de la croissance que par les risques inflationnistes. Et pour cause ! Depuis trois ans, le monde est entré dans une phase de déflation quasi généralisée, qui n'est pas sans rappeler le krach de 1929 et la crise des années 1930.

Sur les trente-huit pays dits développés (selon la définition du FMI), seuls six affichaient une inflation annuelle moyenne supérieure à 1 % en 2015. L'inflation moyenne de ces pays n'était d'ailleurs que de 0,3 %, un plancher historique. Et, en dépit d'une légère reflation des cours de certaines matières premières, des résultats similaires devraient encore s'observer en 2016. Mais ce n'est pas tout. Une fois n'est pas coutume, cette faible inflation n'est pas l'apanage des pays développés. Elle s'est plus ou moins imposée à travers le monde. Sur les cent quatre-vingt-onze pays listés par le FMI, seuls soixante-trois affichent une inflation inférieure à 4 %. L'inflation moyenne de la planète a atteint 2,8 % en 2015, soit seulement 0,1 point au-dessus du plus bas historique de 2009. Dans ce cadre, on comprend le désarroi des banquiers centraux, notamment ceux des pays développés, qui n'ont pas ménagé leurs efforts pour relancer l'inflation. Or, en dépit de taux directeurs historiquement bas, parfois même négatifs, mais aussi d'une « planche à billets » pléthorique, la croissance forte et durable n'est pas revenue et la déflation n'a pu être évitée.

LES BANQUES CENTRALES PRISES À LEUR PROPRE PIÈGE

Mario Draghi l'a confirmé fin 2015. Le formidable patron de la BCE, qui a déjà sauvé la zone euro à trois reprises, n'est pas pour autant magicien. Ne l'oublions jamais, la « planche à billets » est une condition nécessaire mais pas suffisante pour relancer fortement et durablement la croissance de la zone euro. Et ce, en particulier dans les pays handicapés par une pression fiscale trop forte et un marché du travail trop rigide, comme par exemple la France. Pourtant, vraisemblablement soucieuse de ne pas décevoir, la BCE s'est livrée à une surenchère de cadeaux qui frise l'overdose. Tout d'abord, son taux de refinancement des banques, dit taux refi, a atteint un nouveau plancher historique de 0 % – depuis le 10 mars 2016. Ensuite, le montant mensuel du *Quantitative Easing* (la fameuse « planche à billets ») a été augmenté, passant de 60 à 80 milliards d'euros. *Last but not least*, la BCE a élargi son programme de rachat d'actifs à des obligations d'entreprises non bancaires. Enfin, elle a lancé en juin un nouveau prêt de long terme géant à quatre ans pour les banques. Autrement dit, pour éviter la rechute très probable – qui a d'ailleurs déjà commencé – de l'activité économique de la zone euro, la BCE a décidé d'utiliser les très grands moyens. Ce n'est plus un bazooka, ni même l'artillerie lourde, mais une opération pharaonique qui mêle l'armée de terre, l'aviation et la marine...

Malheureusement, cette prodigalité de palliatifs n'est absolument pas une garantie de réussite. À l'instar du Japon dans les années 1990 et 2000, la zone euro est entrée dans une phase de « trappe à liquidités » qui se caractérise par quatre composantes principales : des taux monétaires proches de zéro, une abondance de liquidités, mais une inflation nulle voire négative, et une croissance économique atone. La BCE a d'ailleurs révisé en nette baisse ses prévisions de croissance et d'inflation pour 2016 et 2017. C'est dire combien elle croit en la portée de ses mesures... Cette inefficacité de la politique monétaire s'explique principalement par la défiance des agents économiques dans les structures de leur pays, qui les pousse à limiter de facto leurs dépenses d'investissement et de consommation. Les nouveaux « cadeaux » de la BCE confirment qu'elle est inquiète pour l'avenir de l'économie eurolandaise. En cas de rechute, ces récents soutiens pourraient aggraver la défiance dans l'avenir et limiter encore les investissements et la consommation, redoublant l'ampleur de la « trappe à liquidités ». En fait, la zone euro ressemble à un toxicomane, devenu dépendant à tout type de drogue. Plus il en prend, plus il en veut, de plus en plus dures, et dans des proportions de plus en plus extravagantes. L'issue d'un tel comportement est connue : soit le drogué prend conscience de sa maladie et engage des changements structurels pour sortir de son état léthargique ; soit il continue ses excès et finit par mourir d'une overdose.

Si Mario Draghi est bien un banquier central hors pair, il atteint désormais ses limites. Ses « cadeaux » ne parviennent qu'à sauver temporairement les meubles et à maintenir la zone euro sous perfusion, sans lui permettre de retrouver le chemin d'une croissance forte. En outre, si pour le moment la déflation environnante empêche de juger l'impact de l'excès de liquidités, le jour viendra où cet excès produira des effets particulièrement négatifs. Autrement dit, la BCE ne fait que gagner du temps et colmater les brèches en espérant que les déboires de sa politique ne se produiront jamais et que la croissance forte reviendra comme par miracle dans la zone euro... Au contraire de la situation qui prévalait à la BCE de 2003 à 2011, il y a bien un pilote dans l'avion, qui sait piloter et se trouve en possession de tous ses moyens. Mais l'avion, lui, est défectueux. Il en va de même avec la présidente de la Fed, qui a augmenté symboliquement le taux objectif des *federal funds* en décembre 2015, mais reste depuis très prudente sur l'avenir de l'économie américaine. Troublant paradoxe !

Néanmoins, dans la mesure où la Fed doit se reconstituer une marge de manœuvre pour relancer l'activité lors du prochain fort ralentissement, elle est obligée d'augmenter ses taux directeurs rapidement. Elle est tout simplement prise à son propre piège : à force d'avoir refusé d'agir lorsqu'il en était encore temps – dès l'été 2014 –, par peur de contrarier la croissance et les marchés, elle va devoir resserrer son étreinte dans la précipitation et de manière inefficace. Au manque de vision et souvent à l'incompétence des dirigeants politiques des grands pays occidentaux s'ajoutent, depuis une quinzaine d'années, le désarroi et l'impuissance des banquiers centraux. Seule consolation, ces derniers ne sont plus des faucons arc-boutés maladivement sur les risques inflationnistes, mais des colombes prêtes à tout pour sauver la croissance. En ces temps troublés, le moindre réconfort est bon à prendre...

17.
LA POLITIQUE BUDGÉTAIRE EN DÉFAUT

La politique budgétaire est l'autre grand échec des vingt dernières années, notamment dans la zone euro et en particulier en France. Bien que son inefficacité ait atteint aujourd'hui un paroxysme, il reste encore des « illuminés » pour demander d'augmenter davantage les dépenses publiques en s'inspirant de l'idéologie socialo-communiste qui avait porté Mitterrand au pouvoir en 1981 afin de mener une politique de relance, laquelle avait échoué en rase campagne. À croire que de trop nombreux Français n'ont pas de mémoire ! Certes, le concept de « relance keynésienne » n'est pas désuet mais il a été dévoyé avec le temps. En l'élaborant dans les années 1930, John Maynard Keynes voulait avant tout sauver le capitalisme malmené par la crise de 1929. Sa démarche était à la fois simple et géniale : contrairement aux concepts dominants qui prévalaient depuis le XVIIe siècle, le marché n'atteint pas toujours l'équilibre par ses propres moyens. Des situations d'excès d'offre et par là même d'insuffisance de la demande peuvent effectivement s'imposer.

Ainsi dans les années 1920, aux États-Unis, la production (c.-à-d. l'offre) américaine ne cessait de croître, poursuivant son élan né de l'effort de guerre, entretenu par un recours massif à l'endettement. Parallèlement à cette bulle économique, une bulle boursière était en train de se former. Pour tenter d'y remédier, la Réserve fédérale américaine augmentait alors massivement ses taux d'intérêt, réduisant par là même l'investissement et la consommation, c'est-à-dire la demande intérieure. Par ailleurs, conséquences de la Première Guerre mondiale, le repli sur soi et le protectionnisme s'étaient imposés partout dans le monde. Dès lors, il devenait encore plus difficile d'écouler l'excès de production américaine ; celle-ci souffrait non seulement d'une carence de demande nationale mais aussi de la faiblesse des débouchés internationaux.

Le krach d'octobre 1929 allait cristalliser l'ensemble de ces déséquilibres. Pis : ne parvenant pas à prendre la mesure des dégâts, la Réserve fédérale refusait de baisser ses taux directeurs qui, atteignant des sommets, aggravaient par voie de conséquence la situation financière des ménages. Les plus fortunés virent alors leur patrimoine boursier s'effondrer. Quant aux autres – la très grande majorité –, ils furent confrontés à la flambée du chômage et à la baisse de leur pouvoir d'achat. Dès lors, pour essayer d'éponger leurs dettes, voire leur surendettement, les investisseurs, les entreprises et les particuliers vendirent massivement leurs actifs, financiers ou réels, d'où une nouvelle augmentation de l'offre et une aggravation de l'écart avec la demande. Or, si l'offre est durablement supérieure à la demande, les prix baissent, et la déflation s'aggrave. Voilà pourquoi, cette crise de 1929 est aussi appelée *debt deflation* – déflation liée à un excès d'endettement.

LE NEW DEAL

L'Oncle Sam se trouve au bord de la faillite lorsque Franklin Roosevelt arrive au pouvoir en janvier 1933. Il applique aussitôt la première politique de relance keynésienne qualifiée de New Deal (nouveau contrat). Face à la crise, Keynes et Roosevelt soutiennent qu'un acteur puissant, au-dessus de la mêlée économique, doit intervenir. L'État, jusqu'alors cantonné dans ses rôles régaliens – justice, police, défense – va entrer dans le jeu économique. C'est la naissance du *Welfare State* – l'État-providence –, chargé notamment de résorber les déséquilibres entre l'offre et la demande, en soutenant cette dernière. Dans ce but, il augmente ses dépenses, notamment en matière d'investissement. Il en résulte un effet accélérateur, qui autorise de nouveaux projets d'investissement et d'emploi dans le secteur privé. La croissance redémarre alors nettement, permettant d'accroître les recettes fiscales, qui viennent combler le déficit public initialement suscité par la reprise. À l'appui de cette démarche, certaines entreprises se lancent également dans la bataille. Ainsi le constructeur Ford, conscient du prix élevé de ses automobiles, augmente sensiblement les salaires de ses cadres et ouvriers pour qu'ils puissent s'offrir la fameuse Ford T. Parallèlement, il met en place dans ses usines une organisation scientifique du travail, appelée taylorisme, qui, en accroissant les gains de productivité, limite l'impact inflationniste de la hausse des salaires. Autrement dit, la forte progression des salaires n'engendre pas d'augmentation notable des prix, car elle est en partie compensée par la possibilité de produire plus à moindre coût.

Le succès de ce New Deal est complet. Il le sera davantage encore au lendemain de la Seconde Guerre mondiale. Les États-Unis réaliseront alors une relance keynésienne à l'échelle internationale : le plan Marshall. Le principe est le même : soutenir la demande des pays européens en leur octroyant des prêts et des aides afin d'écouler la production américaine et d'éviter, par là même, le scénario d'excès d'offre de l'avant-guerre. Cette politique sera appliquée dans tous les pays où l'État-providence deviendra plus ou moins dominant. Les États-Unis, souhaitant contenir à tout prix l'expansionnisme communiste, ne lésineront pas sur les moyens accordés à la reconstruction, principalement en Europe de l'Ouest. Grâce à cette relance keynésienne, le monde occidental connaîtra les Trente Glorieuses, sa plus longue phase de croissance forte, de plein-emploi et de prospérité. Malheureusement, la recette miracle des Trente Glorieuses deviendra le poison des Quarante Piteuses qui suivront.

En effet, la relance keynésienne engendre mécaniquement trois conséquences perverses. D'abord, elle suscite une légère inflation liée à l'accroissement de la demande qui, dans un premier temps, dépasse l'offre. Ensuite, elle peut engendrer une augmentation du déficit extérieur si l'accroissement de la demande se traduit par l'achat de biens d'équipement ou de consommation fabriqués hors du territoire national. Enfin, le déficit public induit par la relance doit être financé, notamment par le recours à l'emprunt. Il en résulte un effet d'éviction, c'est-à-dire une augmentation des taux d'intérêt, qui dissuade certaines entreprises privées d'investir pour un rendement inférieur au taux d'intérêt.

Tant que la dynamique économique mondiale était forte et entretenue par l'effort de reconstruction, l'effet inflationniste restait à la fois limité et supportable. Par ailleurs, dans une situation de mondialisation limitée où la plupart des pays occidentaux produisaient chez eux la majorité de leurs biens de consommation, le déficit extérieur demeurait contenu. Enfin, dans la mesure où l'intervention de l'État restait efficace, c'est-à-dire qu'elle produisait plus de croissance que de déficit public, l'effet d'éviction restait limité. Les dettes publiques étaient faibles et, le plus souvent, une politique monétaire accommodante permettait de maîtriser l'augmentation des taux d'intérêt des emprunts.

DES TRENTE GLORIEUSES AUX QUARANTE PITEUSES

Suite aux chocs pétroliers des années 1970 et 1980, cette belle mécanique s'est effondrée. Et cela pour une raison simple : l'inflation n'était pas seulement due à la demande mais à un choc d'offre exogène et négatif, à savoir la flambée des cours pétroliers. Dès lors la quasi-totalité des pays qui tentèrent une relance keynésienne connurent une forte inflation, un déficit extérieur élevé, une dévaluation de leur devise, l'augmentation de leurs taux d'intérêt et l'aggravation de leur dette publique. La France en offrit un exemple spectaculaire. En 1981, faisant fi de cette nouvelle donne, l'Union de la gauche engagea une relance massive aux conséquences catastrophiques. Autre exemple : au lendemain de la crise de 2008, la planète dans son ensemble a mené une politique de relance budgétaire pharaonique pour un montant de 5 000 milliards de dollars. Un peu comme dans les années 1930, le succès fut immédiat et la croissance mondiale rebondit. À la différence de 1981 en France, cette relance internationale ne s'est pas accompagnée d'une forte inflation, car les forces en présence à travers le monde étaient déflationnistes. En outre, grâce à l'action des banques centrales, qui ont inondé les marchés obligataires de liquidités, les taux d'intérêt à long terme ont baissé pour atteindre parfois des niveaux nuls, voire négatifs.

Depuis 2008, la relance keynésienne bénéficie donc a priori d'un contexte parfait : inflation faible, politiques monétaires ultra-accommodantes et taux d'intérêt des obligations d'État excessivement bas. Pour autant, une carence demeure : que ce soit aux États-Unis, au Japon, en Europe ou en France, l'accroissement des dépenses publiques ne parvient plus à relancer fortement la croissance. Une relation inversée semble même s'imposer : plus les dépenses publiques progressent, plus la croissance devient molle. En réalité, pour être efficace, une relance keynésienne doit s'appuyer sur une économie modernisée et réactive. Or, le gonflement des dépenses publiques s'accompagne trop souvent d'un accroissement de la pression fiscale, qui limite de facto l'investissement et la consommation, pénalisant ainsi l'emploi.

L'ÉTAT GASPILLEUR

Aujourd'hui, les stratégies fondées sur l'augmentation des dépenses publiques sont toutes vouées à l'échec. Il faut cesser de le nier, au risque de graves déceptions qui accroîtront dangereusement les tensions sociétales.

Certes, un pays développé comme la France a besoin d'un État fort. Mais les dépenses publiques doivent être recentrées sur la sécurité du territoire, de ses citoyens, sur une justice efficace, un système éducatif performant, tout en garantissant une croissance économique durable et forte, un chômage faible, une réduction de la pauvreté et des inégalités. Avec de tels objectifs, la dépense publique est non seulement justifiée, mais également indispensable. L'État assure ses fonctions régaliennes, joue son rôle d'investisseur et réducteur d'inégalités. En France, un fossé sépare la théorie de la pratique. Certes, nos infrastructures routières, ferroviaires, portuaires et aériennes sont exceptionnelles. Certes, l'école est gratuite, au moins jusqu'au bac. Certes, le système de santé est plutôt enviable. Toutefois, depuis dix ans et a fortiori depuis cinq ans, nos « performances » économiques et sociales sont devenues déplorables. La croissance française n'a jamais été aussi faible et le taux de chômage aussi élevé. La sécurité intérieure laisse de plus en plus à désirer. L'ascenseur social reste bloqué au rez-de-chaussée. L'égalité des chances à l'école et devant la maladie est loin d'être assurée. Le nombre de bac + 5 sans emploi devient affolant... Ces piètres résultats voisinent avec une débauche impressionnante de moyens publics. On ne le rappellera jamais assez : le poids de nos dépenses publiques dans le PIB atteint 57 % depuis 2015, contre 52,6 % en 2007.

Un niveau historique pour la France et l'un des plus élevés du monde. Sur les cent quatre-vingt-onze pays recensés par le FMI, seuls huit font « mieux » que nous : la Finlande (58,5 %), le Lesotho (59,3 %), le sultanat d'Oman (59,7 %), la Micronésie (59,8 %), le Soudan du Sud (67,9 %), la Libye (76,7 %), les îles Tuvalu (103,2 %) et les îles Kiribati (116,1 %). Un « club » très fermé, auquel on se passerait bien d'appartenir. Si la hausse effrénée des dépenses publiques avait engendré une croissance forte et une réduction des inégalités, on pourrait s'exclamer : Au diable l'avarice ! Malheureusement, nous en sommes très loin. Pendant que les pouvoirs publics français dépensaient sans compter, d'autres pays réalisaient des efforts draconiens et salutaires. C'est ainsi qu'en 2015 – derniers chiffres officiels disponibles, qui devraient relativement peu varier en 2016 –, la part des dépenses publiques dans le PIB atteignait 48,6 % pour l'ensemble de la zone euro, 43,9 % en Allemagne, 40,3 % au Canada. Or, dans ces deux derniers pays, le taux de chômage est respectivement de 4,5 % et 6,0 %, contre 10,5 % en France.

Bref, la France est bien le seul grand pays de la planète à s'engager dans une augmentation maladive de ses dépenses publiques. De la sorte, elle enregistre un déficit permanent, qui accroît continuellement la dette publique et réduit l'efficacité de sa politique. En fait, les dépenses publiques sont comme le cholestérol, il en existe de bonnes et de mauvaises. Les bonnes génèrent de la croissance et de l'investissement, tout en réduisant les inégalités. Les mauvaises sont les dépenses organisationnelles stériles, devenues si importantes qu'elles ont annulé une grande partie des effets bénéfiques des premières. Ainsi, en France, les dépenses de fonctionnement représentent environ un tiers de l'ensemble des dépenses publiques. Dans les collectivités locales, leur part atteint 70 % ! Pis, depuis 2000, elles ont augmenté de 140 milliards d'euros, soit près de 10 milliards d'euros par an et un accroissement annuel moyen de 3,1 %. Si elles avaient seulement stagné depuis 2000, leur poids dans le PIB serait néanmoins de 50 %. C'est dire combien l'irresponsabilité d'une grande partie des dirigeants publics nous coûte cher. Il est moralement inacceptable de demander aux Français de se serrer encore la ceinture, alors que le pouvoir central augmente ses dépenses de fonctionnement sans vergogne et en toute inefficacité économique.

Il ne faut surtout pas confondre rigueur et assainissement. Oui à une dépense publique efficace, qui améliore la croissance et réduit les inégalités ! Non aux gaspillages des deniers publics, qui alimentent la croissance molle et empêchent de réduire les inégalités. Il ne faut jamais oublier que la science économique n'est pas une science exacte, elle fluctue avec le temps. Ce qui était vrai dans les années 1960, à savoir le succès garanti des relances keynésiennes, ne l'était plus dans les années 1980 et a fortiori ne l'est plus aujourd'hui.

En conclusion, deux leçons peuvent être tirées. D'une part, toute erreur de politique économique, surtout si elle se fait par dogmatisme idéologique, finit par se payer très cher. D'autre part, ce coût ne porte pas seulement sur les simples déficits annuels. Il est en fait intergénérationnel au travers de la formation d'une bulle de la dette publique.

18.
LA DETTE... SOUS CONDITION...

Pour l'instant, la bulle de la dette publique n'a pas encore explosé. On le doit aux injections massives de liquidités de la part des banques centrales, qui ont permis de maintenir les taux d'intérêt des obligations d'État artificiellement bas. Et cela, sans relancer significativement la croissance qui, chaque année, demeure insuffisante pour rembourser les intérêts de la dette publique... Mais, plus la bulle sera grosse et longue, plus son explosion causera de dégâts, en particulier dans les pays développés, à commencer par la France.

D'ailleurs, en dépit d'une stabilisation fin 2015, la dette publique française continue de progresser. Après avoir atteint un sommet historique de 97,8 % du PIB au deuxième trimestre 2015, elle est revenue à 96,2 % – soit 10 points de plus qu'en 2011 – au premier trimestre 2016. Atteindra-t-elle un jour les 100 % du PIB ? Certainement. Mais personne ne s'en inquiète vraiment. D'ailleurs, les États-Unis culminent déjà à plus de 100 % depuis 2011, le Japon à 250 %, et aucune véritable sanction ne se dessine. Il faut reconnaître que rapporter le stock de dette publique au flux de création de richesses (c.-à-d. le PIB) a peu de sens. En effet, que ce soit pour un ménage, une entreprise ou un État, il est normal que la dette sur dix ou vingt ans dépasse le revenu annuel. D'autant que la dette est souvent saine. Elle permet, par exemple, à l'entreprise d'investir et d'embaucher, et au particulier d'acheter sa maison. Sans emprunts, seuls des ménages très aisés seraient propriétaires. L'endettement devient beaucoup plus problématique lorsqu'il ne génère pas suffisamment de croissance, donc d'activité, de *business* ou encore de revenus, simplement pour assurer le paiement annuel des intérêts de la dette. Dans ce cas, il faut encore augmenter son endettement, qui devient alors explosif et se transforme en surendettement. Pis, cette situation finit par obliger l'emprunteur à vendre ses actifs, son patrimoine immobilier, voire ses propres biens, avec, en bout de course, la faillite.

ÉTAT IRRESPONSABLE !

Le problème n'est donc pas la dette, mais la capacité du débiteur à la rembourser, ce qu'on appelle la soutenabilité de la dette. À ce titre, les ménages, les entreprises et les États sont logés à la même enseigne. Évidemment, dans la mesure où l'horizon temporel des États est bien plus étendu que celui des ménages et des entreprises, il serait possible de laisser croire qu'ils n'obéissent pas à cette règle de bon sens. Comme disait Keynes : *« À long terme, nous serons tous morts. »* En revanche, les États perdureront. Au travers de cette analyse, certains ont cru déceler un blanc-seing pour augmenter la dette publique indéfiniment : vive la dette ! Que l'État continue à s'endetter sans limite ! Augmentons les dépenses et faisons confiance aux générations futures pour assurer le « service après-vente » ! Ce comportement est évidemment irresponsable. D'abord pour les générations à venir, mais aussi pour celles qui doivent gérer l'explosion de la dette. Et c'est aujourd'hui notre cas. En effet, bien loin d'avoir contracté une dette soutenable, l'État français a dépensé sans compter et, surtout, en toute inefficacité. Ainsi, en dépit de la faiblesse artificielle des taux d'intérêt des obligations d'État, la France ne parvient pas à générer une croissance économique suffisamment forte pour assurer le paiement annuel de la charge d'intérêts de la dette publique. Et cela dure depuis huit ans ! Bien entendu, le gouvernement français préfère mettre l'accent sur la réduction du déficit public à 3,6 % du PIB en 2015. Cette réduction a pu s'obtenir grâce, notamment, à la baisse des taux d'intérêt des obligations d'État. Sans elle, le déficit public aurait atteint au moins 4,3 % du PIB. De plus, comme on l'observe de façon ininterrompue depuis l'après-guerre, la dépense publique a continué d'augmenter : + 1,4 % en 2015, soit un total de 1 243,3 milliards d'euros, c'est-à-dire 57 % du PIB. Ce niveau record prévaut depuis 2013.

Dans le même temps, les recettes fiscales n'ont progressé *que* de 2 %, confirmant que l'augmentation massive des taux d'imposition a bridé l'activité économique, limitant de facto les rentrées dans les caisses de l'État. Pour 2016, avec une croissance économique d'environ 1,2 %, une politique fiscale toujours prohibitive, le maintien d'un taux de chômage de l'ordre de 10,5 % et une nouvelle augmentation des dépenses publiques, le déficit public français continuera d'avoisiner les 4 % du PIB.

Pis, avec la remontée probable des taux d'intérêt des obligations d'État, il pourrait atteindre les 4,5 % et dans la foulée la dette publique, les 100 % du PIB. La question est alors de savoir si les investisseurs utiliseront cet argument pour délaisser les obligations d'État, suscitant une hausse massive des taux longs et réactivant la crise de la dette.

Jusqu'à présent, et dernièrement grâce au soutien actif de la BCE, les marchés sont restés aveugles, refusant d'admettre l'évidence – comme pour les taux d'intérêt de la dette grecque de 2001 à 2010 – et, puis, un jour, ils ont enfin ouvert les yeux et les taux ont flambé jusqu'à 40 %. En France, on devrait se prémunir contre de tels sommets, mais une remontée aux alentours des 2,0 % paraît inévitable d'ici la fin 2017.

Plus que jamais, il faut fuir les obligations du Trésor français si l'on veut s'épargner une douche froide et destructrice. Car, cessons de nous voiler la face, un krach obligataire apparaît inéluctable à l'horizon 2017.

ÉPISODE V

LA FINANCE FOLLE

19.
LES BANQUES AU BORD DE LA FAILLITE ?

À cause de conditions réglementaires de plus en plus contraignantes, mais aussi de taux d'intérêt obligataires beaucoup trop bas, les banques traversent de graves difficultés. Si certaines tireront leur épingle du jeu, grâce à des stratégies alliant prudence et bonne gestion du risque, beaucoup se trouveront dans l'œil du cyclone. Pour s'en tenir à l'Europe, quatre banques italiennes seraient toujours au bord de la faillite, 200 milliards d'euros de créances douteuses affecteraient encore l'ensemble du système bancaire transalpin. Les résultats de nombreuses banques européennes s'avèrent particulièrement décevants, notamment ceux de la Société Générale, les risques de défaut augmentent compte tenu du ralentissement de la croissance mondiale… Même si nous sommes encore loin du marasme qui a suivi la faillite de Lehman Brothers, ce retour en force des vieux démons rappelle que le système bancaire et financier eurolandais reste très fragile, menacé par une nouvelle phase d'aggravation des créances douteuses qui pourrait voir le jour dans les prochains mois. En dépit des apparences et des promesses de bonne gestion, le « ménage » n'a pas forcément été bien fait dans de nombreux établissements européens.

MALGRÉ LES AIDES

Certes, les banques bénéficient de l'aide pléthorique de la BCE, depuis fin 2011 avec les opérations non-conventionnelles, de 2012 à 2016 avec les baisses du taux refi, désormais à 0 %, et enfin avec la « planche à billets » qui libère 60 milliards d'euros par mois depuis mars 2015, 80 milliards depuis mars 2016. Cependant, au-delà de ces cadeaux sans limite, les banques européennes doivent faire face à trois handicaps majeurs. *Primo*, des règles prudentielles de plus en plus contraignantes. *Secundo*, une croissance économique très faible, en grande partie à cause de ces règles prudentielles. En effet, pour respecter les nouveaux ratios de solvabilité, qui augmentent le besoin en fonds propres en fonction du risque des engagements, les banques ont été contraintes d'accroître leurs achats d'obligations d'État au détriment des crédits au secteur privé. Elles ont donc alimenté un effet d'éviction des financements privés au profit de ceux du secteur public.

À la rigueur, si la dépense publique avait réussi à créer une croissance forte et durable, l'impact de cet inconvénient aurait pu rester limité en durée et en ampleur. Malheureusement, comme on l'a vu dans l'Hexagone, l'augmentation des dépenses publiques n'a pas permis de restaurer une croissance vigoureuse. Bien au contraire, elle a alimenté la mollesse économique. Inévitablement, la croissance faible entraîne l'augmentation du risque de défaut et par là même des créances douteuses. Cette fragilisation du bilan des banques, réduisant encore l'octroi de crédits à l'économie, alimente la croissance molle puis le chômage, mais aussi les déficits publics...

C'est alors que se fait sentir le troisième handicap du secteur bancaire : la baisse excessive des taux d'intérêt des obligations d'État. Car, ne l'oublions pas, le principal métier des banques réside dans ce que l'on appelle la transformation, à savoir leur financement à court terme et le moins cher possible – aujourd'hui avec des taux monétaires à 0 % – afin de prêter et/ou placer sur des produits obligataires à des taux bien plus élevés. Problème : les taux des obligations d'État sont quasiment équivalents aux taux monétaires, voire négatifs dans certains cas.

Autrement dit, les banques ne parviennent plus à « gagner leur vie » avec leur métier de transformation. Pour ne rien arranger, la dégringolade régulière et la volatilité des marchés boursiers réduisent également les gains sur les fronts de la banque d'investissement et de la gestion d'actifs. Au final, il ne reste que les commissions diverses et variées, les prêts à la consommation ou encore la vente de téléphones pour leur permettre de joindre les deux bouts. C'est un peu juste... Mais ce n'est pas tout ! Car, pour le moment, cet équilibre très fragile ne prend absolument pas en compte le risque de réactivation de la crise de la dette publique. Depuis environ deux ans, toute la planète financière veut croire qu'elle est bel et bien terminée et que les taux longs ne remonteront jamais. Pourtant, il n'en est rien.

FRAGILE ZONE EURO...

En 2015 pour la huitième année consécutive, à l'exception de l'Allemagne et du Luxembourg, aucun pays de la zone euro n'a dégagé une croissance économique en valeur (c.-à-d. augmentée de l'inflation) suffisamment forte pour assurer le paiement des intérêts de la dette publique. Ce sera encore davantage le cas en 2016 avec le ralentissement de la croissance eurolandaise. Certains pays de la zone euro, par exemple la Grèce, ont d'ailleurs déjà replongé dans la récession. Dans ce cadre, après avoir été anormalement bas, en particulier en France, les taux d'intérêt des obligations souveraines pourraient bien subir une forte hausse, engendrant mécaniquement des moins-values sur les portefeuilles obligataires. Après avoir dû constituer des provisions pour créances douteuses du secteur privé, les banques italiennes, françaises, européennes et mondiales pourraient donc être contraintes de rééditer l'opération mais, cette fois-ci, pour des créances accordées au secteur public, qu'il s'agisse des obligations d'État ou des crédits aux collectivités locales.

Or, un tel scénario n'est pour l'instant pas vraiment intégré dans les *stress tests*[19] de la BCE. Les banques européennes ont, certes, réduit leurs activités dangereuses et notamment le *property trading* – c.-à-d. la spéculation avec leurs fonds propres. Si elles bénéficient encore d'une politique monétaire extrêmement accommodante, elles restent toujours menacées par une croissance économique trop faible, une dette publique trop élevée et un risque de remontée massive des taux d'intérêt des obligations d'État. En conclusion, malgré une situation apparemment sous contrôle, la probabilité est grande d'une nouvelle crise bancaire. Après cinq belles années en termes de profits et de valorisation boursière, les banques européennes pourraient connaître quelques trimestres difficiles. En attendant des jours meilleurs... en 2018.

D'ici là, il faut également se préparer à de nombreuses transformations du paysage européen et mondial, avec notamment des disparitions de banques et de nouveaux mouvements de fusions, y compris dans l'Hexagone. Trois minirévolutions pourraient se produire dans les prochaines années : la fusion définitive entre les Banques populaires et les Caisses d'épargne, l'absorption intégrale de LCL au sein du groupe Crédit Agricole, et le rachat, certainement tumultueux, de la Société Générale par BNP Paribas. Gare aux secousses ! À l'instar des chocs climatiques, le « réchauffement » excessif des conditions monétaires risque de déréguler les marchés financiers. Volatilité extrême, courtermisme maladif, automatisation des processus de décision,

19. Tests de résistance visant à évaluer les capacités des institutions financières, considérées isolément ou dans leur ensemble, à faire face à un choc économique, géopolitique ou réglementaire, sur leurs activités.

robotisation... Avec ces nouveaux ingrédients structurels, les marchés financiers pourraient connaître en 2020 le sort de la sidérurgie dans les années 1973-1980.

20.
DES MARCHÉS FINANCIERS SENS DESSUS DESSOUS

Tantôt contradictoires, tantôt complémentaires, l'analyse technique des marchés et l'analyse économique fondamentale convergent vers un point essentiel : l'importance des cycles. Qu'ils soient de long terme ou à courte échéance, qu'ils concernent les grandeurs financières ou les agrégats économiques, les cycles sont inévitables. Bien anticipés, ils permettent de prendre de bonnes décisions de politiques économiques et/ou de stratégies d'investissement. Sinon, ils peuvent devenir une source de déboires tant d'un point de vue financier qu'économique et social. Il faut donc réussir à les identifier suffisamment tôt. C'est évidemment là que les difficultés commencent. Sur le front de la théorie économique, on en distingue ainsi quatre grands types : le cycle de Kitchin, de trois à quatre ans ; le cycle de Juglar, de huit à dix ans ; celui de Kuznets, de quinze à vingt-cinq ans ; et enfin le fameux cycle de Kondratiev, de quarante à soixante ans. Malheureusement, ces cycles ne sont identifiables qu'après coup. Leur occurrence ainsi que leur durée sont loin d'être parfaitement vérifiées. De plus, comme souvent, la pratique diverge de la théorie. C'est d'ailleurs le plus fascinant dans l'analyse économique : la vérité de l'instant *t*, n'est pas forcément celle de *t + 1*. On le constate avec davantage de force depuis quelques années où les crises, les révolutions technologiques et les cycles économiques sont devenus de plus en plus massifs, violents et difficilement prévisibles. La prévision requiert donc une grande humilité.

Pour ma part, j'ai décelé un nouveau cycle de crise économique et financière de sept ans.

LA MALÉDICTION DES SEPT ANS

Le premier cycle débute avec le choc pétrolier d'octobre 1973. Il marque la fin des Trente Glorieuses, la fin de l'hégémonie du keynésianisme et l'avènement de la *stagflation* (stagnation économique et inflation élevée). Ces phénomènes sont renforcés sept ans plus tard, en 1980, lors du second choc pétrolier qui plonge le monde développé dans une grave récession. Sept années se passent : après avoir bénéficié du contre-choc pétrolier, des réformes Reagan et du retour de la croissance aux États-Unis, le monde économique, et surtout financier, plonge de nouveau. Le krach d'octobre 1987 n'est pas déclenché par une guerre mais par la crainte d'une remontée des taux d'intérêt de la Réserve fédérale américaine, dont la présidence vient d'être confiée à… Alan Greenspan, qui n'a pas encore gagné ses lettres de noblesse. C'est pourtant à cause de cette même crainte de resserrement monétaire américain qu'en 1994 – sept ans se sont écoulés –, une nouvelle tempête explose. Ce krach obligataire – caractérisé par une forte remontée des taux d'intérêt des obligations, notamment d'État – suscite par contagion, une crise dans les pays émergents, principalement en Amérique latine et surtout au Mexique, qu'on appellera « effet tequila ». Mais la malédiction des sept ans ne s'arrête pas là. Et pour cause : le 11-Septembre 2001 plonge les marchés financiers et l'ensemble de la planète dans une spirale récessive qui ne s'achèvera qu'en 2003.

Sept ans plus tard, le 15 septembre 2008, les marchés s'effondrent dans une crise encore plus vertigineuse que celle de 2001, à savoir la faillite de Lehman Brothers et son corollaire, l'écroulement du système bancaire international. Le monde se retrouve dans une situation proche de celle de 1929. Fort heureusement, les dirigeants de la planète actionnent une relance budgétaire et monétaire sans précédent qui permet à la machine économique d'éviter le drame des années 1930 et de redémarrer progressivement. Néanmoins, 2015, la septième année du septième cycle, est marquée par une nouvelle crise, celle du monde émergent. À la différence des six crises précédentes, difficilement prévisibles puisque liées à des chocs extra-économiques, les signes avant-coureurs de celle-là étaient particulièrement nombreux : flambée artificielle – donc bulle – des marchés obligataires et boursiers internationaux, ralentissement de la croissance mondiale, incapacité de la zone euro à sortir du pétrin grec, dette publique proche de 100 % du PIB dans de très nombreux pays européens – notamment la France –, par ailleurs incapables de retrouver le chemin de la croissance forte, risque de resserrement monétaire aux États-Unis, fragilisation des pays émergents, sans oublier les risques géopolitiques incontestables à travers le monde – Russie-Ukraine, Iran, Daesh, menaces terroristes en Occident...

CRISE INÉVITABLE

Bref, le monde était et reste toujours assis sur un baril de poudre. Et si, jusqu'à présent, les effets ont été limités, les détonateurs sont nombreux. Évidemment tous les regards se tournent vers les maillons faibles de l'économie, telle la Grèce ou les dangers géopolitiques, si nombreux au Moyen-Orient. Mais, une fois encore, le déclencheur ne surgira pas là où on l'attend. Il pourrait, par exemple, prendre la forme de la faillite d'une caisse de retraite française. Nous savons qu'au moins deux d'entre elles sont en déficit dramatique depuis deux ans. L'État devrait alors venir à la rescousse, mais avec quels moyens ? Une nouvelle hausse de la dette ? Un krach obligataire et boursier pourrait alors s'ensuivre, entraînant la planète dans une récession dramatique. Encore plus inquiétant : si en 2008 les autorités monétaires et budgétaires internationales ont pu sortir l'artillerie lourde pour éviter le désastre, elles se retrouvent aujourd'hui sans munition. Relance pharaonique, baisse des taux d'intérêt, planche à billets... tout a déjà été utilisé. Depuis l'été 2015 et malgré quelques rebonds réguliers favorisés par l'action extrêmement bienveillante des banques centrales, les années de « vaches grasses » sont bel et bien terminées sur les marchés boursiers internationaux. À commencer par le leader d'entre eux, en l'occurrence celui de l'Oncle Sam. Ainsi, après quasiment sept années de croissance continue (+ 18,8 % en 2009, + 11 % en 2010, + 5,5 % en 2011, + 5,9 % en 2012, + 28,1 % en 2013, + 7,5 % en 2014, + 0,4 % sur les onze premiers mois de 2015), le Dow Jones souffre depuis décembre 2015, en dépit de certaines embellies, comme celle de l'été 2016.

Certes, pour le moment, il n'y a pas de quoi inverser la flambée de 179,7 % enregistrée entre le point bas du 9 mars 2009 et le point haut de mai 2015. De plus, en dépit de la chute des derniers mois, le Dow Jones affiche encore une progression d'environ 15 % par rapport à son précédent pic du 9 octobre 2007, le dernier avant l'effondrement lié à la crise des *subprimes*, puis à la faillite de Lehman Brothers et à la récession de 2008-2009. Autrement dit, la récente correction baissière du Dow Jones reste encore très relative comparée aux performances des dernières années.

Toujours est-il qu'un ressort a bien été cassé. En fait, la dégringolade actuelle n'est que le prolongement du krach de l'été 2015. Elle est d'ailleurs liée à la même cause, en l'occurrence le ralentissement de l'économie chinoise et du monde émergent dans son ensemble. Parallèlement, l'effondrement des cours des matières premières et, notamment, du pétrole a réduit massivement la croissance des pays producteurs, qui ont progressivement sombré dans la récession : après la Russie, le Brésil, le Canada ou encore l'Indonésie, de plus en plus de pays africains et du Moyen-Orient sont eux aussi contraints de réduire leur consommation en produits manufacturés, principalement en provenance de Chine et d'autres pays émergents, ce qui affaiblit encore la croissance de ces économies.

Or, dans la mesure où, depuis une quinzaine d'années, la contribution de la Chine à la croissance mondiale oscille entre 35 % et 40 % et où celle des pays émergents avoisine les 80 % en moyenne, il est clair que la variation du PIB planétaire pâtira fortement de la décélération de ses principales locomotives. Et ce, d'autant que les pays dits développés sont et resteront abonnés à la croissance molle. Dans nos prévisions, nous sommes confrontés à une croissance mondiale ralentie qui devrait passer de 3,4 % en 2014, puis 2,8 % en 2015, à 2,4 % en 2016 et environ autant en 2017... si tout va bien. Il n'y a donc pas péril en la demeure puisque la récession mondiale devrait être évitée, mais le ralentissement de la dynamique économique internationale jouera forcément à la baisse sur le chiffre d'affaires et les résultats des entreprises, notamment de celles cotées en Bourse, ce qui réduira le montant des dividendes et limitera par là même l'appétence des investisseurs pour les marchés boursiers.

LE PIRE N'EST PAS SÛR...

En d'autres termes, la baisse boursière est tout à fait normale, puisque la flambée précédente, et en particulier celle du printemps 2015, étaient excessives par rapport aux perspectives de croissance et de résultats des entreprises. Le krach larvé entamé à l'été 2015 et qui se poursuit aujourd'hui correspond donc tout simplement au dégonflement d'une bulle, alimentée en particulier par les excès de liquidités déversées par les banques centrales occidentales. Le prolongement, au moins en Europe et au Japon, de cette stratégie de la « planche à billets » et de distribution monétaire à des taux proches de zéro suscitera des phases de rebonds boursiers entre deux tempêtes. Nous sommes d'ailleurs d'ores et déjà dans un marché dit de *trading,* où les principaux investissements correspondent à des mouvements opportunistes de court terme, avec à la clé une volatilité élevée. Autrement dit, les marchés des actions vont continuer d'évoluer en eaux troubles, avec de fortes amplitudes à la baisse comme à la hausse, la tendance de fond restant néanmoins baissière.

Cependant, grâce à la relance budgétaire et monétaire en Chine, mais aussi dans d'autres pays émergents dotés d'importantes réserves de change, la croissance mondiale reprendra progressivement des couleurs, permettant aux marchés boursiers de retrouver le chemin de la hausse à partir du printemps 2017.

Malheureusement, ayant déjà utilisé toutes leurs cartouches de politiques économiques pour relancer l'activité, les pays dits développés, depuis les États-Unis jusqu'à la zone euro en passant par le Japon, resteront les parents pauvres de la croissance mondiale. Dans ce cadre, subissant déjà un lourd retard par rapport aux autres indices internationaux, notamment le Dow Jones, le Cac 40 restera à la traîne, comme cela s'observe depuis une quinzaine d'années. Car, ne l'oublions pas : si, dans l'euphorie des années de « vaches grasses », le Dax et le Dow Jones ont atteint de nouveaux pics historiques, le Cac 40 n'a jamais retrouvé ses sommets de 2007 et a fortiori de 2000.

Sur le long terme, la Bourse n'est pas assurée d'une tendance haussière, surtout dans l'Hexagone.

En conclusion, même si le pire a pour l'instant été évité, en toute logique, compte tenu des fondamentaux économico-financiers internationaux, la nouvelle crise entamée à l'été 2015 va se poursuivre jusqu'à la mi-2017. Restez donc liquides, vendez vos obligations d'État, éventuellement investissez à long terme, dans la pierre ou de belles entreprises par exemple et, surtout, *carpe diem* – profitez de l'instant présent !

21.
BOURSES : LA VOLATILITÉ EST LA MÈRE DE TOUTES LES CRISES…

La volatilité des marchés, notamment boursiers, est de plus en plus forte, favorisée par le manque de visibilité, mais aussi par les processus d'automatisation des ordres et les arbitrages de très court terme, parfois sur quelques secondes. Même les habitués ont le tournis devant les va-et-vient abrupts des marchés financiers. Certes, des fondamentaux demeurent. Ainsi, chaque jour, les *Bears* (ours) et les *Bulls* (taureaux) s'affrontent, les premiers, pessimistes, annonçant la déprime boursière, les seconds tentant de croire en l'avenir. Cette sémantique animalière ne fait finalement que refléter les *animal spirits* (instincts animaux), étudiés par Keynes dans les années 1920 pour expliquer le mimétisme qui prévaut structurellement sur les marchés financiers. Cependant, il arrive très régulièrement et de manière formelle que le combat entre les *Bulls* et les *Bears* soit perdu ou gagné d'avance. Il s'agit dans un cas de bulles au cours desquelles le pessimisme est oublié, et dans l'autre de situations de krach brutal ou rampant, pendant lesquelles la moindre lueur d'espoir est honnie. Au cours de ces phases, les économistes, analystes ou encore stratégistes sont évidemment tentés de suivre le mouvement pour « coller au marché » ou plaire aux clients. Le comportement moutonnier de certains prévisionnistes se traduit, certes, par une prise de risque réduite, mais aussi par une crédibilité limitée. Dans leur grande majorité, les investisseurs, petits porteurs et clients au sens large ne demandent certainement pas aux « pronostiqueurs » d'avoir toujours raison et encore moins d'épouser bêtement le consensus. Ils veulent avant tout disposer de données indépendantes, argumentées et si possible originales, qui sont bien le fruit du travail du prévisionniste et non le résultat de l'observation du marché. Il faut reconnaître qu'en phase de *Bull Market* ou de *Bear Market,* cette stratégie n'est pas tous les jours facile. Néanmoins, elle est la seule qui soit à la fois honnête et déontologiquement défendable.

MARCHÉS : BULL ET BEAR SONT DANS UN BATEAU...

Au début de la crise des *subprimes*, de septembre 2007 à la fin 2009, seuls les *Bears* avaient droit de cité et toutes les nouvelles étaient perçues par le mauvais bout de la lorgnette. Ainsi, pour de nombreux économistes et une très grande majorité d'intervenants sur les marchés, le baril à 200 dollars était imparable, l'euro à 2 dollars aussi et la réédition de la crise de 1929, inévitable. Et pourtant, comme j'avais tant de mal à le défendre à l'époque, aucune de ces funestes prévisions ne s'est réalisée. Après un petit répit en 2010, la crise en Grèce, et plus globalement dans la zone euro, donna le vertige aux marchés, assimilant tout optimisme boursier à de la fumisterie. Cette fois encore, le pire fut évité. Mieux, de la fin 2013 au printemps 2015, le *Bear Market* a laissé place à un *Bull Market* si insatiable qu'il en était devenu suspect. Lorsque tous les investisseurs convergent vers le même point, il faut commencer à s'inquiéter... Nous nous retrouvions ainsi dans une situation proche de celle du printemps 2008 ou de la fin 2010. À l'époque, certains économistes, qui n'avaient pas vu venir la crise, soulignaient qu'elle était finie. Mais la faillite de Lehman Brothers en 2008 puis la crise grecque en 2011 mirent le feu aux marchés. Au moment où tout paraissait aller pour le mieux dans le meilleur des mondes, la nervosité et les « montagnes russes » sont revenues.

Ces derniers trimestres en ont encore fourni une parfaite illustration. En effet, que ce soit sur les marchés des matières premières, sur celui des devises, notamment sur le front de l'euro/dollar, ou encore au niveau des bourses internationales, les flambées succédèrent aux chutes massives et vice versa. Et ce, au gré des annonces, tantôt rassurantes, tantôt affolantes, à propos de la situation grecque, des statistiques relatives aux économies américaine, chinoise et eurolandaise, ou encore des évolutions géopolitiques internationales. Ainsi, un jour, un accord ayant été prétendument trouvé à propos de la Grèce, les cours boursiers et l'euro montaient en flèche. Mais ledit accord apparaissant le lendemain comme un leurre, ils redescendaient aussi vite. De même, les marchés oscillaient parfois violemment entre des statistiques confirmant la bonne santé de l'économie américaine et de la zone euro, et des publications indiquant exactement le contraire. Comment donc s'y retrouver dans ce capharnaüm et ces évolutions si différentes dans un espace de temps si court ? La réponse est malheureusement simple : cette volatilité extrêmement forte est souvent annonciatrice d'une tempête, voire d'un krach sur les marchés financiers, surtout lorsqu'elle suit une phase de hausse. On l'a observé avant le krach d'octobre 1987, avant le dégonflement de la bulle Internet, avant l'éclatement de la crise des *subprimes* et la faillite de Lehman Brothers.

En fait, ces va-et-vient incessants et incontrôlables témoignent de la fébrilité des investisseurs. En cas de danger avéré, ils céderont immanquablement à la panique. Et lorsque la menace semblera s'estomper, une euphorie tout aussi forte s'imposera. Ces mouvements extrêmes sont malheureusement accélérés par la « déshumanisation » des marchés, liée au développement de l'informatisation et de la robotisation croissante des ordres et flux financiers. On ne pourra pas empêcher ces impulsions « surnaturelles ». Reste à garder son sang-froid, prendre du recul et regarder la réalité avec honnêteté et franchise. Or, cette réalité est loin d'être rose.

CINQ RISQUES MAJEURS

Certes, l'économie mondiale n'est pas en récession généralisée. Elle devrait même continuer de croître d'environ 2,4 % cette année et en 2017. Pour autant, les risques pesant sur l'économie et les Bourses imposent de conseiller la prudence en matière d'investissements financiers. Selon moi, les principaux périls sont au nombre de cinq.

Le premier réside dans l'instabilité géopolitique. Qu'il s'agisse de la situation en Ukraine, en Syrie, en Irak, des menaces d'attentats... la dangerosité demeure particulièrement élevée. N'étant pas devin, je n'irai pas plus loin dans l'analyse.

En revanche, les autres risques économiques et financiers, que nous avons en partie déjà explicités, doivent attirer toute notre attention. Commençons par la « trappe à liquidités ». En effet, à force d'en injecter en énormes quantités, les banques centrales en ont mécaniquement réduit l'efficacité économique. Et pour cause : le cash « donné » par la Fed, la BCE et la BoJ (Bank of Japan) est davantage utilisé pour acheter des obligations d'État, spéculer sur les marchés financiers et/ou alimenter l'épargne de précaution que pour financer l'investissement et l'emploi.

Le troisième risque s'inscrit dans le prolongement du deuxième puisqu'il s'agit de la déflation. Or, l'exemple du Japon nous a montré qu'un mouvement de déflation ne concerne pas seulement le prix des biens mais aussi celui des actifs, qu'ils soient immobiliers ou boursiers.

Le quatrième écueil réside dans la réactivation de la crise de la dette publique européenne. En Grèce bien sûr, mais aussi dans de nombreux autres pays eurolandais, et notamment en France. Ce nouvel accès de fièvre en la matière ne manquera pas d'induire le cinquième et dernier risque : une remontée des taux longs, engendrant un nouveau ralentissement économique, voire le retour de la récession.

En conclusion, après une phase de forte volatilité, les marchés boursiers internationaux devraient rester baissiers jusqu'au printemps 2017. Si de telles évolutions peuvent paraître normales, la succession des tempêtes financières a brisé un ressort. La finance des prochaines années risque de devenir de plus en plus difficile, voire hostile, y compris pour ses propres membres. Certes, après avoir frôlé la catastrophe au lendemain de la faillite de Lehman Brothers, les banques ont relevé la tête et retrouvé le chemin des profits. Cependant, en dépit de succès, d'ailleurs très relatifs, de grandes banques ont dernièrement annoncé d'importants plans de licenciements. Une troisième vague d'amaigrissement est lancée, après celles de 2009 et de 2012, principalement dans les métiers du *prop trading* (c.-à-d. du *trading* pour comptes propres) ou encore dans ceux de la finance ultramathématique.

COMME LA SIDÉRURGIE…

Cette nouvelle cure connaît quatre justifications principales. La première découle du fait que certaines grandes banques, en particulier anglo-saxonnes, avaient fortement embauché lors de la reprise de 2010-2012, prévoyant un redémarrage de l'activité financière qui ne s'est pas produit. La forte flexibilité du marché du travail permet des embauches massives et rapides en phase de reprise, et des destructions symétriques d'emplois en période de ralentissement. A contrario, les banques françaises qui, compte tenu d'un marché du travail rigide, ont limité les créations de postes lors de la reprise n'ont pas à en détruire fortement aujourd'hui. En outre, dans l'Hexagone, les réductions d'effectifs sont de facto limitées par le « papy boom » qui mène automatiquement vers la retraite les nombreux baby boomers embauchés par les banques françaises dans les années 1980. À la rigueur, on est même confronté parfois à des pénuries de main-d'œuvre dans certains domaines, principalement dans les fonctions d'audit et de déontologie.

Malheureusement, les effets de cet avantage seront vite compensés par les trois autres évolutions qui inciteront le secteur bancaire et financier à tailler encore dans ses effectifs. Il s'agit d'abord du ralentissement économique mondial qui va s'étendre en 2016 et 2017 aux pays dits développés et plus précisément à l'Europe, aux États-Unis et au Japon. Ensuite, la volatilité extrême des marchés financiers mais aussi la faiblesse des taux d'intérêt à long terme, sans oublier la réduction des activités de marchés. *Last but not least*, comme nous l'avons vu précédemment, le secteur bancaire va devoir composer avec une réglementation de plus en plus stricte, notamment en matière de ratio de fonds propres. Les fameuses règles dites de Bâle III vont ainsi imposer aux banques de réduire leur offre de crédit, diminuant d'autant les effectifs dans ce domaine. Pour faire simple, les banques vont de plus en plus prêter à des acteurs « faiblement risqués », qui ont donc moins besoin de faire appel à l'endettement. Dans ce cadre, les réussites de projets innovants et par là même aventureux seront de plus en plus rares et les inégalités s'accroîtront non seulement entre les entreprises mais aussi entre les citoyens. Plus globalement, cette raréfaction des crédits affaiblira la croissance des pays occidentaux, qui est déjà particulièrement molle.

Après avoir constitué, du moins en apparence, la « crème » de la société, le secteur bancaire et financier ainsi que ses salariés vont entamer une longue traversée du désert. Cette évolution est finalement logique : on ne peut pas se plaindre de l'hégémonie des banques et regretter ensuite qu'elles détruisent des emplois. Dommage pour tous nos jeunes qui pensaient qu'en travaillant dans la finance, ils allaient devenir les « maîtres du monde » en quelques mois. Ils vont simplement devoir redescendre sur terre. Et ce, d'autant qu'une nouvelle tempête financière se prépare...

22.
OBLIGATIONS D'ÉTAT : PAYER POUR PRÊTER, C'EST FOU !

Les soubresauts des marchés boursiers deviennent de plus en plus nombreux, douloureux et ingérables. Un phénomène nouveau, anormal et particulièrement dangereux s'est imposé depuis 2014, à savoir la forte baisse des taux d'intérêt des obligations des États eurolandais. Certains appellent cela un *flight to quality* (vol ou fuite vers la qualité). En fait, il s'agit plutôt d'un *flight to irrationality* (vol ou fuite vers l'irrationalité), voire *to stupidity.* En effet, après avoir touché des plus bas historiques en avril 2015, puis être remontés significativement jusqu'à l'automne dernier, les taux d'intérêt à dix ans des obligations des principaux États occidentaux ont repris le chemin de la baisse.

DESCENTE AUX ENFERS DES TAUX D'INTÉRÊT

Au cours du printemps 2016, ce repli s'est transformé en effondrement, avec souvent le retour de taux d'intérêt négatifs sur des échéances plus courtes. Autrement dit, les investisseurs acceptent désormais de payer pour prêter leur argent à des États surendettés. Si, à la rigueur, ce comportement peut se comprendre pour l'Allemagne ou la Suisse – encore que... – il apparaît d'autant plus absurde pour la France ou encore l'Espagne que cette anomalie concerne de plus en plus souvent des échéances à moyen et long terme : dix ans pour la Suisse, neuf ans pour l'Allemagne et jusqu'à six ans pour la France et l'Irlande ! Le taux d'intérêt des bons du Trésor français à dix ans est ainsi passé de 0,25 %, le 22 avril 2015, à 1,33 %, le 10 juin 2015, pour retomber à 0,38 %, le 8 avril 2016, et enfin toucher un plancher historique sous 0,10 % en août 2016. Pour les échéances de deux à six ans, les *bonds* de l'État français offrent même des rendements négatifs. En d'autres termes, il faut payer pour avoir le privilège de prêter à l'État français. Et ce, en dépit d'une dette publique de près de 100 % du PIB, de l'incapacité de réduire le déficit public sous les 3 % du PIB, et des nombreux risques qui pèsent sur l'avenir économique et politique de la France. Les taux à deux ans sont également négatifs pour l'État espagnol et son homologue italien. *Mamma Mia !*

LES CONTRADICTIONS DE « SUPER MARIO »

Poussant le bouchon encore plus loin, le Premier ministre grec a même annoncé que son pays reviendrait s'endetter sur les marchés dès 2017. Cette baisse des taux, qui s'apparente à une « descente aux enfers », serait liée pour certains à un mouvement normal d'afflux vers la qualité en provenance des marchés boursiers qui chutent régulièrement vers les marchés des obligations d'État a priori plus sûrs. En dépit de ces « énormités », le président de la BCE n'a pas hésité à déclarer qu'il n'existait pas de bulle obligataire en Europe. En d'autres termes, « Super Mario » Draghi est, lui aussi, tombé dans l'aveuglement collectif et participe par là même à alimenter les bulles financières qu'il ne veut pas voir. Face à cette déclaration détonante, une question s'impose : pourquoi un homme aussi pragmatique, et qui a sauvé la zone euro à de multiples reprises, refuse-t-il de regarder la réalité en face ? Est-il devenu trop sûr de lui ? Certainement pas. A-t-il peur de déclencher une panique sur les marchés ? Peut-être. Mais c'est justement son rôle de prévenir les investisseurs et les citoyens des dangers environnants. On se souvient, par exemple, qu'en pleine bulle Internet, quand presque personne n'osait dire qu'il fallait alléger ses positions sur les marchés des actions et notamment les valeurs technologiques – en dépit d'une survalorisation évidente –, Alan Greenspan montait régulièrement au créneau. Évoquant une *« exubérance irrationnelle »*, il provoqua d'ailleurs en partie le début de la fin de la bulle financière. D'où une dernière réponse possible au comportement étrange de Mario Draghi : *peut-être* a-t-il raison. Cette flambée des marchés obligataires est *peut-être* normale. Et la négativité des taux d'intérêt des obligations d'États surendettés est *peut-être* logique... Cela fait néanmoins beaucoup de *peut-être*. Ayant toujours salué et soutenu le travail du président Draghi, je suis cette fois-ci contraint de manifester ma réprobation. Oui, « M. Super Mario », il existe bien une bulle sur les marchés financiers et en particulier obligataires. Votre refus de l'admettre est d'ailleurs la preuve qu'elle est bien plus grave que prévu. Non, des taux d'intérêt négatifs des obligations de l'État français ou irlandais à six ans ne sont pas normaux.

Certes, la probabilité de défaut d'un État occidental dans les dix prochaines années est relativement faible. Néanmoins, celle de la remontée des taux longs à ce même horizon est beaucoup plus élevée, rendant donc inévitables des moins-values conséquentes sur les placements obligataires. Le mécanisme est le suivant : si les taux d'intérêt des obligations d'un État augmentent, les anciennes obligations à des taux d'intérêt plus bas sont délaissées au profit des nouvelles. L'offre devient alors supérieure à la demande, ce qui fait baisser le cours des anciennes obligations, dont les détenteurs subissent mécaniquement des moins-values. S'ils ont les moyens de ne pas vendre, ces moins-values resteront potentielles, mais s'ils doivent les vendre par besoin de liquidités, leurs moins-values seront réalisées. Imaginez, par exemple, le devenir d'une caisse de retraite ayant acheté massivement des obligations de l'État français à un taux très bas, et qui, après la hausse des taux, sera obligée de les revendre pour payer les pensions des retraités... Encore de lourdes pertes en perspective.

DANGEREUSEMENT BAS

Aussi, en dépit de l'aveuglement collectif, depuis les investisseurs chevronnés jusqu'aux petits épargnants en passant par la BCE, je continue de défendre que les taux d'intérêt des obligations de l'État français, mais aussi de l'ensemble des pays de la zone euro, sont dangereusement bas et ne pourront rester à de tels niveaux indéfiniment. Pour le comprendre, il suffit de se rappeler le principe de la formation des taux d'intérêt à long terme. Théoriquement, ils correspondent effectivement aux taux à court terme auxquels on ajoute deux types de composants. Primo, le coût d'opportunité du prêt, c'est-à-dire du renoncement de ses liquidités à court terme, ce coût étant positivement corrélé à l'échéance du prêt : plus on prête longtemps, plus ce coût augmente. Secundo, les primes de risque, relatives notamment aux perspectives d'inflation, de croissance, de déficit public et à la crédibilité des États. Aujourd'hui, si la prime de risque liée à l'inflation est négative, et celle de l'activité économique neutre, celle des déficits publics est en revanche nettement positive. De plus, si la déflation est aujourd'hui la norme, le retour de l'inflation paraît inévitable à moyen terme. Dans ce cadre, le niveau théorique du taux d'intérêt à dix ans des obligations de l'État français se situe autour des 2,5 %. C'est dire l'ampleur de la bulle. Certes, la faiblesse récente des taux longs peut en partie se justifier par les liquidités abondantes et gratuites fournies par la BCE. Mais là aussi, le jeu en vaut-il vraiment la chandelle ?

En achetant des obligations d'État, les investisseurs prennent des risques élevés mais ne reçoivent que des rendements faibles. Cela affecte d'ailleurs négativement le compte d'exploitation de beaucoup d'institutions financières, et notamment des banques, dont les cours boursiers sont très fragiles. Nous assistons là à la réciproque de la crise des *subprimes*. Encore plus grave, lorsque les taux longs remonteront, les moins-values obligataires grèveront les résultats des banques, compagnies d'assurances et autres caisses de retraite, qui auront alors bien du mal à assainir leurs comptes, voire à éviter la faillite. « Qu'à cela ne tienne ! » diront les partisans de la bulle, rappelant le fameux adage *« les marchés ont toujours raison »*. Seulement voilà, ils ont toujours raison à un instant précis, mais ratent souvent le virage du retournement. On l'a observé en 2000-2001, en 2007-2008 et on l'observe de nouveau aujourd'hui.

Les quolibets fusaient lorsqu'en avril 2015, j'annonçais la formation d'une bulle boursière qui devait éclater d'ici la fin d'année. Et pourtant ! Aujourd'hui, les mêmes qui trouvaient normale l'augmentation des cours boursiers début 2015 annoncent la poursuite de leur chute et justifient par là même l'achat d'obligations d'État. C'est surtout ce qu'il ne faut pas faire ! Certes, la tendance restera baissière sur les marchés boursiers pendant encore quelques mois. Néanmoins, grâce à un excès de liquidités, ils connaîtront également des phases de rebond. Par ailleurs, en plus de permettre le bénéfice de plus-values sur les cours, les actions servent aussi des dividendes appréciables, consacrant des rendements bien supérieurs au 0,5 % par an offert par les OAT à dix ans[20]. En conclusion, entre des obligations d'État à rendements extrêmement faibles, voire négatifs, présentant, qui plus est, un fort risque de moins-values et des actions, certes très volatiles, mais qui, bien choisies, devraient offrir à moyen terme des plus-values et des rendements très appréciables, il n'y a normalement pas photo. Dès lors, si, malgré les évidences, certains préfèrent encore acheter les premières, le krach obligataire s'installera... À ce stade, il ne s'agit donc plus de prévisions économiques et financières mais simplement de bon sens. Dommage que les dirigeants monétaires et financiers de la planète, y compris « Super Mario », ne l'admettent pas.

---

20. Les obligations assimilables du Trésor (*OAT*) sont des emprunts que l'État français émet depuis plus de vingt-cinq ans, pour financer ses déficits.

En fait, les États européens, ainsi que les marchés obligataires internationaux et les investisseurs qui y opèrent sont sous perfusion, voire sous morphine, grâce aux excès de liquidités de la BCE... A-t-on pensé au jour où cette perfusion excessive prendra fin ? Dans la mesure où cette occurrence fait peur, personne ne veut y songer ni même la conceptualiser. Pour être honnête, personne ne peut d'ailleurs savoir exactement ce qu'il adviendra pour la simple raison qu'une période de taux monétaire zéro aussi longue et une « planche à billets » mondiale aussi pléthorique sont inédites. La sortie de cet état léthargique le sera donc tout autant. Quatre cas de figure peuvent être imaginés :

1. À l'image de l'Allemagne dans les années 1920, une période d'hyper-inflation mondiale s'installerait. Vu le fort degré de concurrence internationale et les révolutions technologiques en cours qui agissent à la baisse sur les prix, ce scénario paraît peu probable à court terme.
2. Dans la mesure où l'excès de liquidités ne correspond à aucune richesse réelle, des mouvements de destruction des avoirs pourraient s'observer sur l'ensemble des marchés boursiers et obligataires, qui subiraient donc des krachs majeurs.
3. Des dettes publiques et privées seraient annulées purement et simplement, ce qui reviendrait à faire payer la facture par les créanciers et susciterait une récession mondiale massive.
4. On assisterait à une multiplication des faillites d'entreprises, voire d'États, qui chercheraient des repreneurs à tout prix, ce qui susciterait évidemment des tensions géopolitiques explosives.

Quoi qu'il arrive, il faut rapidement vendre ses obligations d'État et revenir progressivement vers des investissements plus « physiques » tels les métaux précieux ou encore l'immobilier. Lors de la fin d'un monde, les crises sont aussi des phases d'opportunité. Bien appréhendées, elles permettent de passer avec succès dans le monde à venir.

ÉPISODE VI

UN NOUVEAU MONDE PLEIN D'OPPORTUNITÉS

23.
L'IMMOBILIER : VALEUR REFUGE OU VALEUR DÉLUGE ?

Lorsque j'annonçais en 2013 une baisse de 10 à 15 % des prix de l'immobilier français au cours des trois années suivantes, on me riait souvent au nez. Cette prévision s'est pourtant bel et bien été réalisée. Mais depuis quelques mois, la tendance est plutôt à la stabilisation, voire à la remontée pour certains biens rares. La hausse des prix est-elle de retour ? Attention à ne pas aller trop vite en besogne. Certes, les arguments pour justifier une meilleure santé de l'immobilier en France ne manquent pas : natalité dynamique, taux de divorce élevé, multiplication des familles monoparentales, faible pourcentage de propriétaires dans la population ou encore préférence des Français pour des placements a priori sûrs tels que la pierre.

À ces évolutions démographiques et sociologiques, il faut ajouter trois facteurs déterminants. Primo, la forte baisse puis la faiblesse durable des taux d'intérêt ont permis aux ménages d'accéder plus facilement au crédit immobilier. Et ce, d'autant que les banques ont favorisé les prêts avec hypothèque, de manière à limiter leur prise de risque. Secundo, le recul des prix sur la période 2013-2015 s'est mécaniquement traduit par une augmentation de la demande, antérieurement découragée par la flambée des prix. Ces deux premières évolutions ont donc tout simplement permis de « resolvabiliser » la demande, stoppant la baisse des prix dans un premier temps, permettant même parfois la remontée des cours. Tertio, les investisseurs français, échaudés par la crise financière, préfèrent se replier sur des valeurs refuges, notamment l'immobilier. Enfin, après les graves erreurs de la loi Duflot, qui ont participé à le casser, le marché immobilier, a pu bénéficier de nouvelles mesures de soutien public à l'achat de logements.

GRANDE FRAGILITÉ

Toutes ces évolutions ont donc permis de contrecarrer l'impact négatif de la croissance molle, du chômage élevé et de la faiblesse du pouvoir d'achat, sur l'activité immobilière. D'ailleurs, il faut noter que la demande de logements neufs a nettement progressé au deuxième trimestre 2016. Elle reste néanmoins très loin de ses niveaux de 1998-1999 ou de 2005-2006 et encore inférieure à ceux de 2010-2011. Il n'y a donc pas de quoi s'emballer. En fait, le secteur demeure fragile. En dépit de la baisse des dernières années, les cours dans l'immobilier restent trop élevés par rapport à la situation de l'économie française et notamment à l'évolution des revenus des Français. Nous sommes donc bien toujours face à une bulle, c'est-à-dire un phénomène de décalage entre le prix de marché des actifs immobiliers et leur valeur réelle.

Ces dernières années, les achats effectués par des fonds russes, qatariens, chinois et autres ont masqué la réalité immobilière française. Leur réduction récente la dévoile au grand jour. Les graphiques présentés en annexes (page 220) illustrent parfaitement cette situation. Le premier graphique[21] montre le décalage criant entre le niveau des prix de l'immobilier et le PIB en valeur dans l'Hexagone. L'excès de valorisation financière reste très élevé et appelle une poursuite de la baisse des prix. Renforçant cette analyse, le ministère du Logement fournit un graphique synthétique représentant l'évolution des indices du prix des logements anciens, du nombre et du montant des ventes de logements anciens, ainsi que de l'indice des loyers, rapportés à leurs tendances longues respectives. Le constat est sans appel : si les loyers continuent de progresser mais sans excès, les prix stagnent, tout en restant très élevés. Quant au nombre et au montant des ventes, malgré une légère augmentation, ils restent faibles. Une récente étude du Conseil général de l'environnement et du développement durable (Cgedd) montre d'ailleurs que l'écart entre l'évolution des prix des logements et celle du revenu disponible des ménages a flambé dangereusement depuis le milieu des années 2000. Alors que son niveau moyen se situait autour de 1 entre 1965 et 2000, il a atteint un sommet historique de 1,8 en 2011 pour se positionner désormais à 1,68 à l'échelle nationale.

À Paris, après un pic historique de 2,52 en 2012, il est encore de 2,4 aujourd'hui. Lors du précédent sommet de la bulle, en 1991, ce ratio était de 1,1 en France et de 1,5 à Paris. C'est dire l'ampleur de la bulle actuelle. Cet écart demeure particulièrement dangereux. Il échappe

21. Voir le graphique « Immobilier : la bulle est toujours là » page 220.

complètement à la logique économique. Face à un tel excès, il faut d'ailleurs recourir non à la science économique mais à la science naturelle qui nous apprend que les arbres ne montent pas au ciel. Et même si l'arbre de l'immobilier français ressemble à un séquoia, il faudra bien, tôt ou tard, redescendre sur terre. Les exemples américains, espagnols et anglais nous montrent d'ailleurs que la chute peut s'avérer très rude. Le comparatif international des prix des logements rapportés au revenu disponible des ménages est tout aussi inquiétant. Il montre que si les bulles immobilières espagnoles, américaines et anglaises ont bien éclaté – et sont d'ailleurs en train de se reformer dans les deux derniers cas –, celle de la France entame à peine son dégonflement. En outre, ceux qui espéraient un marché immobilier constamment protégé dans la capitale doivent savoir que le recul des prix a touché nettement la région parisienne. Dans l'intra-muros, les prix ont commencé à fléchir légèrement mais ils restent bien trop élevés par rapport aux revenus des Parisiens. De quoi anticiper un nouveau repli dans les prochains mois. Dernière constatation : si les prix de l'immobilier ont baissé dernièrement alors que les taux d'intérêt se sont effondrés à des niveaux anormalement bas, de combien vont-ils encore reculer lorsque les taux d'intérêt obligataires remonteront ?

Si pour le moment, personne n'ose imaginer un tel scénario, il finira forcément par se produire en 2017.

UNE BULLE EN SUSPENS

Face à ce risque, de plus en plus de professionnels de l'immobilier commencent également à s'inquiéter, voire à dénoncer une bulle, qui a déjà commencé à se dégonfler. Il est toutefois utile de rappeler que la baisse des prix sera salutaire, ne serait-ce que pour « resolvabiliser » une demande de plus en plus faible. Les agents immobiliers ont d'ailleurs tout intérêt à un recul modéré des prix, il permettrait enfin d'augmenter le nombre de transactions. En attendant, certains persistent à croire que le secteur va continuer de croître, prétextant qu'en temps de crise il constitue une valeur refuge. Si cet argument est valable avec des prix relativement peu élevés et des taux d'intérêt bas, il devient caduc en période de bulle comme c'est le cas aujourd'hui et, a fortiori, de remontée des taux d'intérêt, comme cela se produira d'ici 2017. Mais la bulle immobilière française étant beaucoup moins spéculative qu'en 1991, je ne crois toujours pas à un effondrement des prix. Dans ce cadre et pour toutes les raisons évoquées, j'anticipe que les prix de l'immobilier devraient encore baisser de 10 % à 15 % d'ici deux ans.

S'il est encore intéressant d'investir dans un bien immobilier, notamment pour y habiter et/ou lorsqu'il s'agit d'un produit rare, l'horizon risque de s'obscurcir dangereusement dans les deux prochaines années. Plus que jamais, la prudence doit donc rester de mise. Avec un horizon de long terme, il peut être avantageux d'acheter aujourd'hui pour profiter de taux d'intérêt historiquement bas, en finançant son endettement par les loyers. Si tel n'est pas le cas, il paraît plus prudent d'attendre. Quant aux vendeurs, ils ont déjà perdu gros en attendant des lendemains meilleurs, ils risquent désormais d'attendre encore très longtemps avant de voir les prix immobiliers français remonter significativement et durablement. C'est difficile, mais il faut savoir vendre au bon moment, quitte à être un peu en avance, plutôt que d'être trop gourmand et de ne plus pouvoir vendre, sauf avec une ristourne massive... En conclusion : si, à l'instar de l'or et des métaux précieux, l'immobilier reste une valeur refuge, il peut également connaître des périodes difficiles, amoindrissant les gains des investisseurs, déjà en grande partie rognés par une pression fiscale excessive.

L'immobilier constitue en fait l'investissement d'opportunité par excellence. Lorsque les marchés financiers dévissent, il retrouve son appétence, et lorsque les cours des logements flambent, il requiert plus de prudence. Dans un monde de plus en plus volatil et soumis à des tempêtes de plus en plus violentes, il reste un placement de bon père de famille, c'est-à-dire de long terme, optimisant le couple rendement-risque, avec un risque limité et un rendement appréciable.

24.
PLUS QUE JAMAIS, LES CRISES OFFRENT DES OPPORTUNITÉS... POUR TOUS !

Plutôt que d'essayer de masquer la réalité, les politiques et globalement l'ensemble des acteurs économiques devraient plutôt se rappeler que les crises font partie de la vie économique. En mandarin, le mot « crise » se décompose en deux mots « danger » (*Wei*) et « opportunité » (*Ji*) ! Les pays qui ont eu le courage de moderniser leur économie en récoltent régulièrement les fruits. À commencer par l'Allemagne, les États-Unis, le Canada ou encore l'Espagne, l'Irlande et aussi la Suisse. On évoque rarement la Confédération helvétique. Pourtant, en dépit des crises économiques et financières, elle est restée une « valeur refuge » incontournable.

L'EXEMPLE SUISSE

Lorsque le 15 janvier 2015, notre voisin helvétique mettait fin à la stabilité de son taux de change (à 1,20 franc suisse pour un euro), suscitant mécaniquement un fort mouvement d'appréciation, de nombreux économistes annoncèrent l'effondrement de son économie et une flambée de son taux de chômage. Pour ma part, je défendais que, grâce à des fondamentaux solides, la Suisse devait éviter la Bérézina. Un an et demi plus tard, force est de constater que le pire a bien été évité et que la Suisse, tout comme sa devise, restent des valeurs refuges particulièrement solides. Sa croissance est ainsi restée vigoureuse, son taux de chômage faible et, selon les derniers indicateurs, cette bonne santé devrait se prolonger durablement. Se pose logiquement une question : pourquoi l'économie suisse est-elle aussi résiliente face à la crise, et à la forte appréciation de sa devise ? La réponse est simple : la Suisse dispose de structures économiques et sociétales solides, ce qui est malheureusement loin d'être le cas pour sa voisine française. Grâce à une faible pression fiscale, à un marché du travail fluide, à des charges patronales modérées et à des salaires nets élevés, mais aussi grâce à des efforts conséquents en R&D, recherche et développement, l'économie suisse est à la fois compétitive et féconde en emplois.

Malgré le ralentissement de 2015, son taux de chômage est resté faible à 3,4 %, permettant notamment d'alimenter le dynamisme de la consommation. La faiblesse de sa dette publique, son excédent public structurel et des réserves de change supérieures à 600 milliards de dollars confèrent à la Suisse une capacité conséquente de relance et donc de rebond. Dans ce cadre, après avoir atteint 1,5 % en 2015, la croissance suisse remontera tranquillement vers les 2 % fin 2016. Après avoir tout fait pour soutenir la croissance en consacrant un taux de base de - 0,75 %, la Banque Nationale Suisse (BNS) pourra alors remonter son taux directeur, qui retrouvera la barre du 0 % dans un an. Après une période de relative dépréciation qui pourrait durer encore quelques mois, le franc suisse reviendra vers la parité de 1 pour 1 avec l'euro d'ici le printemps 2017. Par la suite, compte tenu de la rechute très probable de l'économie eurolandaise et a fortiori si le ralentissement de la croissance mondiale perdure, le franc suisse sera renforcé dans sa fonction de valeur refuge et demeurera donc particulièrement fort. Les flux d'investissements continueront donc d'abonder vers la Suisse qui, malgré une devise forte, continuera également d'exporter et de bénéficier d'un faible chômage.

S'il en était encore besoin, la Suisse nous rappelle que lorsqu'on réduit la pression fiscale, que l'on modère les charges qui pèsent sur l'emploi, que l'on modernise son économie et notamment son marché du travail, tout en développant l'innovation, alors la croissance reste au rendez-vous.

LE CONTRE-EXEMPLE FRANÇAIS

À l'image de la Suisse et d'autres grands pays qui ont su se réformer, nous pouvons tous utiliser la crise actuelle comme un tremplin pour rebondir. Pour cela, malgré tout, je reste optimiste. Évidemment, il serait stupide de se voiler la face : seuls les pays disposant de réserves de change conséquentes (notamment les pays asiatiques) et/ou d'une marge de manœuvre budgétaire appréciable (principalement l'Allemagne et la Chine) sont armés pour affronter la nouvelle crise commencée en 2015. Les États-Unis devraient tirer difficilement leur épingle du jeu, grâce à l'hégémonie du dollar et à un taux de chômage encore faible. Quant à la zone euro (hors Allemagne), sa cartouchière est vide : le taux refi est déjà à 0,0 %, la dette publique est trop élevée, la « planche à billets », déjà en marche, a très peu d'effets positifs sur la croissance, produisant, comme nous l'avons déjà expliqué, une « trappe à liquidités ».

Dans ces conditions, la crise de 2015-2016 pourrait s'avérer encore plus dommageable que celle de 2008. Face à cette sombre perspective, il serait évidemment tentant de baisser les bras. Mais attention : si nous nous décourageons, nous sommes alors sûrs de perdre, car le pessimisme est destructeur. En revanche, nous pouvons aussi opter pour une deuxième solution : celle de la sortie de crise par le haut. Il faut alors se retrousser les manches et retrouver une certaine dose d'optimisme. Souvenons-nous que l'économie est une science humaine, sur laquelle nous avons un véritable pouvoir et pour laquelle il n'y a pas de fatalité. Notre avenir est entre nos mains et si nous n'en sommes pas conscients, nous devenons alors la proie du doute et de la faillite. Malheureusement pour nous, les Français et les Européens continentaux, cette réalité et cette conviction que tout devient possible grâce à la volonté ont du mal à être intégrées culturellement. De la sorte, nous devenons beaucoup plus vulnérables que nos partenaires anglo-saxons, sans parler des pays émergents et notamment de la Chine où la vision d'avenir est une seconde nature.

Pour être encore plus clair ; si des pays comme la France refusent de réformer en profondeur leur économie, si les gouvernements de la zone euro ne réussissent pas à se mettre d'accord pour unir leurs forces, si les partenaires sociaux refusent de s'entendre, alors, comme en 2008, l'Euroland sera la grande perdante de cette crise, qui n'est finalement que la fin d'un monde et le début d'un nouveau paradigme. D'ailleurs, grâce à une réactivité structurelle et à une culture de la prise de risque et de l'investissement, les Chinois, les Américains, les Anglais, les Canadiens ou encore les Brésiliens (après être sortis de l'ère Rousseff) sauront relever les défis de ce changement de monde et surprendre par la rapidité et la vigueur de leur reprise. Pour éviter la dépression tant économique que psychologique, nous avons donc l'obligation de nous prendre en main sans trop compter sur les pouvoirs publics qui, de toute façon, finiront par nous faire payer la facture en ré-augmentant les impôts ?

QUATRE STRATÉGIES POUR S'EN SORTIR

Pour une entreprise, cette volonté de ne pas sombrer dans le défaitisme peut passer par quatre voies stratégiques :

1. Des stratégies de niches, sur des produits et des services sur lesquels elles ont un savoir-faire. La force des entreprises françaises est justement de savoir développer de nombreuses niches pour compenser les rigidités environnantes. Il faut continuer même si cela devient de plus en plus difficile.
2. Les entreprises ne doivent pas hésiter à le faire savoir en développant leurs efforts de communication. Trop souvent, elles hésitent à communiquer en temps de crise. Pire, le budget communication est l'un des premiers à pâtir d'un ralentissement de l'activité. Ces grosses erreurs peuvent coûter très cher. Car justement, lorsque les concurrents n'osent pas communiquer, il faut occuper l'espace, créer une différenciation et par là même capter de nouveaux clients.
3. Miser au maximum sur l'innovation et les efforts de recherche-développement, de manière à conserver en permanence un ou deux trains d'avance sur la concurrence. L'innovation ne concerne pas seulement la high-tech. Elle peut et doit aussi s'appliquer à toutes les strates du processus de production et de distribution : relations avec les clients, outils comptables, gestion des stocks, service après-vente...
4. Développer son rayonnement à l'international, en particulier dans le monde émergent qui continuera de réaliser, malgré les crises, près de 80 % de la croissance mondiale.

Si une entreprise développe ces quatre stratégies, elle sortira gagnante de la crise (qui dure d'ailleurs depuis quarante ans en France) et deviendra un acteur incontournable du nouveau monde. Si elle en dispose d'une ou deux, cela ira. Par contre, si elle n'en a aucune, elle n'aura pas d'avis.

Les salariés aussi doivent se retrousser les manches, se rendre indispensable, adhérer au projet de l'entreprise, améliorer leurs compétences, ne pas hésiter à aller voir ailleurs et notamment à l'international. Quand on sait qu'actuellement de plus en plus d'ex-financiers occidentaux retrouvent un job... en Asie, on se dit qu'il n'y a pas de quoi se décourager. À l'inverse, celui qui baisse les bras, qui ne se remet pas en question, qui joue contre son entreprise et compte sur l'État pour lui sauver la mise est sûr de perdre.

Espérons donc qu'à l'instar de nos partenaires américains, anglais, irlandais, chinois ou indiens, de plus en plus de Français et d'Européens continentaux, entreprises et ménages confondus, sauront retrouver une vision d'avenir et relever les défis de demain avec espoir, car, ne l'oublions pas, l'optimisme paie toujours...

25.
L'INNOVATION OUI, LA DÉCROISSANCE NON !

Dans un monde de plus en plus complexe et qui bouge de plus en plus vite, l'immobilisme et le dogmatisme constituent des machines à perdre. À cause de ces deux fléaux, la zone euro et la France sont en proie aux faillites massives d'entreprises et au chômage de masse. Dans ce contexte difficile, l'innovation est la condition sine qua non pour croître sans trop de dégâts économiques, financiers et sociaux. À plusieurs conditions néanmoins : une forte mobilité sectorielle et géographique, des efforts permanents de formation et un financement de long terme. L'écologie constitue une illustration de cette problématique.

NON AU CATASTROPHISME !

Cette belle idée ne doit pas être perçue comme une menace ou une contrainte. Mais si elle est utilisée pour justifier la décroissance, elle plongera le monde dans sa plus grave crise économique depuis le XVIIe siècle. Il me paraît essentiel de mettre en perspective la COP21 (la 21e Conférence des Nations unies sur les changements climatiques) de Paris. Et pour cause : plus ça fait peur, plus ça marche ! Si vous avez aimé le krach Internet, si vous vous êtes passionnés pour les guerres en Afghanistan et en Irak, si vous avez été subjugués par la faillite de Lehman Brothers, ou encore par les récentes crises grecque et chinoise, celle qui arrive sera encore pire. Bigre ! Cela fait froid dans le dos. Et cela tombe bien, car la crise qui se prépare nous privera du… froid. Ainsi, le « réchauffement climatique » sera tel que les glaciers vont fondre complètement, que le trou de la couche d'ozone va encore s'élargir, que les terres vont être submergées, bref, les Mayas avec leur fin du monde en 2012 n'étaient finalement que des enfants de chœur…

À l'appui de cette théorie, les plus « éminents spécialistes » (d'on ne sait pas trop quoi d'ailleurs), mais aussi les principaux chefs d'État, à commencer par Barack Obama, se répandent à travers la planète pour nous dire que l'heure est très grave et qu'il est urgent de réagir. On croirait entendre d'autres « brillants spécialistes » qui nous annonçaient il y a peu que la crise économico-financière de 2009 serait pire que celle de 1929 et que la croissance mondiale ne repartirait pas avant des décennies. Dans la même veine, d'autres « experts » nous annonçaient d'abord en 2003, puis en 2007, et encore en 2009, l'imminence d'une pandémie grippale pire que la grippe espagnole au début du XXe siècle. Bien entendu, il ne faut pas prendre à la légère l'ensemble de ces risques. Mais comme en matière de prévision économique, la subjectivité est de taille et la fiabilité minimale pour la climatologie et la médecine. Ainsi, en fonction des avis (et il y a en a beaucoup), le monde serait menacé de mort soit par la finance soit par la grippe, soit par le CO2. Il existe pourtant une minorité de chercheurs qui expliquent que le réchauffement n'est pas uniquement lié aux hommes. Il participe simplement à un mouvement pluriséculaire qui dépasse largement les spéculations alarmistes actuelles. On ne les écoute pas.

À l'instar de la crise financière, seuls les scénarios du pire paraissent crédibles. À croire que l'être humain adore se faire peur avec ce que l'on pourrait appeler en langage populaire l'appel du vide et en langage scientifique du malthusianisme. Ancêtre des partisans de la décroissance, Malthus soulignait effectivement que, compte tenu du fait de la raréfaction des ressources terrestres, l'Homme ne peut croître indéfiniment. Les guerres, les épidémies ou les catastrophes naturelles ne seraient finalement que des régulateurs du système. Dans la mesure où au XXIe siècle la barbarie est moins répandue qu'il y a 70 ans (du moins en Occident, quoique...), cette vision extrême a été abandonnée. Pour contrecarrer le réchauffement climatique sans faire appel à la réduction sauvage de la population, il suffirait de faire de la décroissance. Dans ce cadre, le sommet hautement médiatisé de Paris constituerait une chance historique pour retrouver un monde plus juste, plus écologique, plus beau, plus fraternel... Eh ! Oh ! Réveillons-nous ! Nous ne sommes pas au cinéma. N'oublions pas que la route de l'enfer est souvent pavée de bonnes intentions.

HORS DU PROGRÈS, POINT DE SALUT !

Ainsi, je le dis haut et fort : la décroissance, c'est-à-dire la baisse du PIB, n'a aucun sens. Si elle était à la rigueur envisageable temporairement pour des pays riches, elle serait catastrophique pour les pays pauvres ou en voie de développement qui n'auraient plus le droit de rattraper les pays dits du Nord. Ensuite, même dans les pays riches, la décroissance se traduirait par une augmentation du nombre de sans-emploi et une aggravation de la pauvreté. Autrement dit, elle entraînerait une véritable catastrophe sociale, car elle se traduirait forcément par une aggravation des inégalités, une augmentation du chômage et une exacerbation des tensions sociales. Là réside l'un des grands paradoxes de cette thèse soutenue notamment par les altermondialistes et les soi-disant partisans d'une économie sociale : comment peut-on à la fois dénoncer la pauvreté dans le monde et exiger la décroissance qui l'aggravera ?

La solution est donc ailleurs. Le seul moyen de réaliser une croissance durable dans un monde limité réside dans l'optimisation de l'existant au travers du progrès technologique. C'est ainsi que notre monde a pu se développer presque continûment depuis le XVIIe siècle. Et la réduction des émissions de CO2 ne peut se faire que si une alternative existe. Il ne faut donc surtout pas se contenter de décroître, ce qui ne reviendrait qu'à détruire des emplois. Il est au contraire indispensable de développer des nouvelles technologies de l'énergie, mais aussi de l'agroalimentaire, ou encore des nanotechnologies qui nous permettront non seulement de protéger la planète mais aussi d'augmenter la croissance structurelle de nos économies, riches en emplois.

Plutôt que de se lamenter sur la fin du monde et d'inventer des théories non vérifiables qui ne paraissent crédibles que parce qu'elles sont terrifiantes, il serait plus constructif d'adopter un comportement positif fondé sur une amélioration de notre croissance. Car si nous assistons bien à la fin d'un monde, notre planète et les êtres humains qui la peuplent disposent largement des capacités pour en créer un autre. Ne l'oublions jamais : sans développement, il n'y a pas de « durable ». Il serait bon que les dirigeants de la planète s'en souviennent. Sinon, Paris ne sera plus la ville « lumière », mais celle de l'obscurité, économique et sociale.

26.
L'UBERTÉ...

Un autre changement massif fait aussi peur. Mais il est loin d'être dramatique : la fameuse ubérisation de l'économie voire de la société dans son ensemble. À la base, cette expression, utilisée pour la première fois par Maurice Lévy, le PDG de Publicis, fait référence à la start-up californienne Uber qui s'est développée en proposant notamment un service de VTC (voiture de tourisme avec chauffeur), moins cher et plus flexible que le taxi traditionnel, par la mise en relation directe via internet des demandeurs et des offreurs de ce service. Cette mise en relation directe a été rendue possible par les nouvelles techniques numériques et en particulier la généralisation du haut débit, de l'Internet mobile, des smartphones et de la géolocalisation.

« ÉCONOMIE GRISE »

Elle s'est ainsi répandue dans de très nombreux secteurs d'activité : hôtellerie, musique, librairie, achats-ventes de tous types d'objet, rencontres, loisirs en tous genres, mais aussi banque, finance ou assurance... L'ubérisation est ainsi devenue la bannière générique de ce que l'on appelle l'économie collaborative ou participative. Sorte de paradis fiscal miniature, l'ubérisation contourne la pression fiscale excessive et les contraintes réglementaires qui freinent le dynamisme économique. Si le niveau de fiscalité des entreprises et des ménages était abaissé, l'ubérisation susciterait sans doute un moindre engouement. Ces services et ces emplois ne relèvent pas du « travail au noir », mais échappant tout de même en grande partie à l'impôt, ils s'apparentent au « travail gris ».

Ils suscitent donc beaucoup de difficultés : réduction des recettes fiscales pour les États, piètre sécurisation des services offerts aux clients, impossibilité de porter plainte en cas de non-respect du contrat, sans parler des arnaques en tous genres, également facilitées par la numérisation. Bien entendu, ne soyons pas vieux jeu : la nouvelle génération veut aller vite, consommer et offrir des services sans contrainte ni souci du lendemain. Pourquoi pas ? Évitons cependant de tomber dans le piège de la facilité et du tout numérique. Si, en période de fort chômage, ces emplois « faciles » limitent la pauvreté, ils s'accompagnent également d'une certaine précarité. Si le marché du travail français demeure toujours aussi rigide, soi-disant pour protéger les salariés et lutter contre la précarité, alors l'ubérisation de l'économie ne cessera de se développer, avec la clé une précarité encore plus grande !

En outre, pour qu'elle puisse produire des effets bénéfiques, cette « révolution numérique et participative » doit forcément passer par un processus de « destruction créatrice », dans les « anciens » secteurs d'activité. Cela suppose que la main-d'œuvre fasse preuve d'une grande mobilité géographique et sectorielle. Et pour cause : même si les GPS sont de plus en plus performants, on ne s'improvise pas chauffeur de taxi en cinq minutes. Aux États-Unis, où les services participatifs existent depuis plus longtemps qu'en Europe, l'ubérisation n'impacte pas sensiblement les statistiques de l'emploi et de la croissance. Par ailleurs, si la pression fiscale n'est pas réduite et que, ce faisant, l'ubérisation devient débridée, alors de plus en plus d'activités échapperont à l'impôt. La réduction des recettes de l'État augmentera encore les déficits publics et la précarité globale de l'économie française.

UNE CHANCE, QUAND MÊME...

L'ubérisation, cependant, n'est pas un danger si elle est encadrée et contrôlée. Comme toutes les nouveautés, elle sera forcément accompagnée par une bulle financière qui finira par exploser avec de nombreux dommages collatéraux. Si le chiffre d'affaires de la société Uber ne cesse de croître depuis sa création (atteignant 1,2 milliard en 2015), ses pertes ont avoisiné le milliard de dollars en 2015 et devraient se maintenir à ce niveau en 2016. Cela rappelle étrangement la bulle Internet des années 1998-2001 quand de nombreuses entreprises voyaient leur valorisation financière atteindre des niveaux vertigineux alors qu'elles accumulaient les pertes.

Bref, il ne faut pas confondre course à la taille et rentabilité. Autrement dit, le « business model » de la grande majorité des entreprises participatives est loin d'être optimal, ni même établi, avec beaucoup d'incertitudes pour leurs investisseurs et leurs clients. Autrement dit, oui, l'ubérisation et, plus globalement, la numérisation de l'économie sont de véritables révolutions. Elles correspondent notamment à la recherche d'une plus grande liberté économique et sociétale, avec moins de contraintes d'un point de vue hiérarchique, fiscal et réglementaire. Mais attention, elles ne constituent pas pour autant une panacée. Car la liberté ne doit pas s'obtenir au détriment de la sécurité, par exemple sanitaire (quid de l'hygiène ?), mais aussi financière (contre les fraudes et les mauvais payeurs), et bien sûr sociale (avec la prévoyance et la constitution d'une retraite).

Alors, avant de prendre un Uber, de louer un appartement par Airbnb ou encore de prêter de l'argent avec Lending Club, assurez quand même vos arrières. Mieux vaut tenir que guérir. Comme quoi, même dans un monde qui change, certaines vérités sont intangibles...

ÉPISODE VII

COURAGE, OSONS !

27.
VIVEMENT UNE VRAIE « LOI TRAVAIL » !

L'ubérisation de l'économie permet incontestablement la revalorisation du travail en établissant une meilleure correspondance avec la rémunération obtenue. Cette révolution est particulièrement de bon augure, dans la mesure où, depuis une quinzaine d'années, la valeur travail s'est dépréciée, en particulier en France avec les 35 heures, qui ont laissé croire qu'on pourrait gagner autant, voire plus, en travaillant moins. Depuis quelques années, certains vont jusqu'à préconiser l'avènement des 32 heures en avançant un bénéfice pour le tourisme et la culture qui rempliraient le temps libre. Et pourquoi pas un monde sans travail et uniquement de loisirs ? Seulement voilà, pour pouvoir consommer plus pendant ses loisirs, il faut en avoir les moyens, donc pouvoir travailler davantage...

UN FREIN À LA CROISSANCE

À ce sujet, avez-vous déjà demandé à des travailleurs chinois, brésiliens, américains ou à des cadres français du secteur privé ce qu'ils pensaient des 35 heures ? Dans la majeure partie des cas, ils vous répondront en substance : « C'est déjà ce que nous faisons, mais en trois jours... » Je le dis sans détour : pour réduire le chômage en France, il faudra bien sûr générer une croissance plus forte, rendue possible par la « thérapie de choc » que je continue de préconiser, mais aussi moderniser le marché du travail par la réduction des charges qui pèsent sur l'emploi, la simplification drastique du Code du travail, la limitation de la période d'indemnisation du chômage à un an et la suppression du caractère obligatoire des 35 heures.

Ne nous berçons pas d'illusions : sujet polémique par excellence depuis leur création et remis dernièrement au goût du jour par MM. Macron, Valls et Badinter, les « 35 heures » et peut-être bientôt les

« 32 heures » vont encore faire couler beaucoup d'encre. En effet, au-delà de ses aspects idéologiques et dogmatiques, cette loi mise en pratique par Martine Aubry pose une question essentielle : quel est son coût réel et, par là même, son impact historique sur notre compétitivité au niveau mondial ? La réponse est tout simplement mathématique : plus le volume d'heures travaillées (c'est-à-dire le nombre de personnes qui travaillent multiplié par le nombre d'heures travaillées) augmente, plus la richesse s'accroît. Et réciproquement. Au cours des trente dernières années, ce volume d'heures travaillées a augmenté d'environ 50 % aux États-Unis. Il a stagné dans la zone euro et baissé de 10 % en France. Cocorico : la France est l'un des seuls pays au monde où le volume d'heures travaillées a baissé durant cette période.

Ce résultat peu flatteur s'explique évidemment par un effet 35 heures, mais aussi par le taux d'emploi en France, c'est-à-dire le nombre de personnes qui travaillent par rapport au nombre de personnes en âge de travailler. Si ce taux atteint 74 % en Allemagne et 73 % aux États-Unis, il n'est que de 64 % en France. Et ce pour deux raisons principales. D'une part, on étudie de plus en plus tard et, d'autre part, on quitte le marché du travail de plus en plus tôt, en raison notamment du système des préretraites, puis des départs volontaires anticipés. Le système malthusien de « partage du travail » produit des fruits négatifs : moins il y a de travail, moins il y a de revenus, moins il y a de croissance et donc moins il y a d'emplois. D'ailleurs, sur ces trente dernières années, de la même façon que l'écart entre le volume d'heures travaillées aux États-Unis et en France s'élève à 60 points, l'écart de croissance entre les deux pays atteint 50 points. Imaginer que travailler moins permettrait de faire progresser la croissance représente bel et bien une erreur historique.

En maintenant coûte que coûte, les 35 heures, peut-on continuer de l'ignorer ? Certes, dans certaines grandes entreprises, les 35 heures fonctionnent relativement bien, notamment grâce à l'annualisation du temps de travail. Elles permettent d'ajuster le nombre d'heures travaillées par semaine à l'activité de l'entreprise, l'essentiel étant de se conformer au cadre légal des 35 heures en moyenne sur l'ensemble de l'année. Dans ce cadre, on gagne en flexibilité et en productivité. D'ailleurs, la productivité dans le secteur privé est identique aux États-Unis et en France. Tel n'est pas le cas en revanche au niveau de la productivité totale où le secteur privé doit compenser la faible productivité du secteur public. La part des dépenses publiques dans le PIB dépassant les 57 % en France, contre 49 % dans la zone euro et 36 % aux États-Unis, plus de la moitié de notre PIB n'est pas soumise aux règles de la productivité.

NON AUX 35 HEURES OBLIGATOIRES !

À côté de la suppression du caractère obligatoire des 35 heures, une autre réforme devrait être menée afin de réduire les différences entre salariés du public et du privé. Jadis, la sécurité absolue de l'emploi des fonctionnaires était compensée par une moindre rémunération comparativement aux salariés du privé, menacés par le chômage tout au long de leur carrière. Tel n'est plus le cas aujourd'hui. En effet, les différences de salaires sont désormais très réduites, alors que les risques de licenciement des salariés du privé ont fortement augmenté. Dans ce cadre, il semble opportun de laisser les salariés choisir entre la garantie d'un emploi à vie et un meilleur salaire. Cela permettra non seulement de réduire les inégalités sur le marché du travail français mais également d'améliorer la productivité globale. En outre, il existe deux moyens de faire progresser la productivité, c'est-à-dire le PIB rapporté à l'emploi. Le premier consiste à augmenter la richesse encore plus que l'emploi. C'est le cas idéal. Le second consiste à maintenir le PIB et à baisser l'emploi. La productivité augmentera aussi, mais elle ne sera pas une « bonne » productivité. C'est malheureusement ce qui s'observe souvent dans l'Hexagone. Autrement dit, si les 35 heures avaient été accompagnées d'une forte baisse du chômage et d'importantes créations d'emplois, leurs effets négatifs auraient pu être dilués. Or tel n'a pas été le cas, pour la simple raison que les 35 heures ont augmenté le coût du travail et réduit par là même l'appétence pour la création d'emplois.

Le vrai problème des 35 heures réside dans son caractère rigide et autoritaire. À la rigueur, si une entreprise réussit à utiliser les 35 heures pour annualiser le temps de travail et augmenter les gains de productivité, pourquoi pas ? En revanche, pour de très nombreuses entreprises et en particulier les PME, elles ne sont pas applicables sans dommages collatéraux sur la rentabilité et in fine sur l'emploi. Enfin, les 35 heures ont des effets négatifs sur de nombreux salariés, qui doivent augmenter leur productivité, sans accroissement de leurs salaires nets. Pour être plus juste, il faudrait leur donner le choix à tous, en accord avec leur direction : travailler plus de 35 heures et gagner davantage, ou garder les 35 heures mais être payés en conséquence. Il ne s'agit pas là d'ultralibéralisme, mais simplement de bon sens économique.

Plutôt que d'admettre cette réalité et d'agir en conséquence, les dirigeants français restent sourds. Ils préfèrent tenter de résoudre un problème global par le petit bout de la lorgnette, en ayant recours à des mesures cosmétiques et à des efforts marketing conséquents. Ainsi, après le Doliprane de la loi Macron et l'Advil de la loi Macron II, le Président Hollande a décidé d'utiliser un simple placebo pour faire semblant de lutter contre le chômage et la précarité de la jeunesse française. Et pour cause : plutôt que de créer les conditions nécessaires à une croissance durablement forte et à de vraies créations d'emplois, il a préféré étendre la prime d'activité aux moins de vingt-cinq ans. À l'évidence, nous sommes toujours très loin des réformes structurelles et de la « thérapie de choc » dont a besoin l'économie française pour retrouver sa vigueur perdue dans les années 1980. À l'époque, le taux de chômage était inférieur à 7 % et celui des moins de vingt-cinq ans de 14 %. Aujourd'hui, en dépit de toutes les aides, des emplois d'avenir et de tous les traitements statistiques possibles, le premier est de 10,5 % et le second de 25 %. Des niveaux qui se rapprochent respectivement des 50 % et des 60 % dans les ZUS (les zones urbaines sensibles). Les jeunes n'ont pas besoin de fausses aides, qui aggravent leur précarité. Ils veulent plutôt de vrais emplois, bien rémunérés, liés à une croissance économique structurellement plus forte et à un marché du travail modernisé et plus fluide.

Pour y parvenir, il faut tout d'abord réduire la pression fiscale pour tous, condition sine qua non pour redresser durablement la croissance française. Ensuite, il faut diminuer le coût du travail, qui figure parmi les plus élevés du monde développé. Il est donc urgent de réduire d'au moins 15 % les charges qui pèsent sur les salaires, afin d'augmenter d'autant les salaires nets. Cela passera par le transfert d'une partie des charges qui pèsent sur les salaires vers la TVA sans augmenter le taux de celle-ci, grâce à une baisse des dépenses publiques de fonctionnement.

Au total, les salariés, et notamment les jeunes, verront leurs salaires nets progresser significativement, si bien que le Smic ne servira plus à grand-chose et pourra même être supprimé. Dans le même temps, pour accroître la teneur de la croissance en emplois, il est indispensable de moderniser et de fluidifier le marché du travail français. Vivement une vraie « loi Travail » en France ! Disons-le franchement : quelle tristesse de voir l'acharnement de certains syndicats, de certains étudiants et d'une partie de la gauche française contre la « loi travail » ! Avec eux, le chômage n'est pas près de baisser dans notre pauvre France. Car ne nous leurrons pas : la loi El Khomri est encore très loin d'une vraie libération du marché du travail français. Dans le prolongement de la réduction du coût du travail et de la fin du caractère obligatoire des 35 heures, la France doit également remédier au plus vite à l'autre grand handicap de son marché du travail : une rigidité et une complexité sans égales. Déjà épais de 2 600 pages en 2005, le Code du travail français compte actuellement environ 3 500 pages, contre environ 100 pages pour son homologue suisse et 500 en Allemagne.

FINIES, LES RÉFORMETTES !

Évidemment, en lisant ces lignes, certains crieront à la promotion de l'ultralibéralisme. Ils sont malheureusement, parfois bien malgré eux, le reflet des archaïsmes qui ont fait passer la France du statut de puissance de premier plan à celui de pays en déclin. Bien sûr, les salariés doivent être défendus. Il existe évidemment des patrons voyous à la cupidité débordante. Mais la majorité des chefs d'entreprise est composée de gens honnêtes et courageux. L'obstacle à la création d'emplois ne provient pas d'eux mais d'un marché du travail trop rigide qui exerce une pression réglementaire souvent insupportable sur les PME. Pour elles, un contrôle Urssaf qui tourne mal ou un procès perdu aux prud'hommes est souvent synonyme de fermeture et donc de chômage pour leurs salariés. Il est donc grand temps de mettre fin à la dictature d'un Code du travail prohibitif et d'une inspection du même nom qui voit toutes les entreprises comme esclavagistes. Ne l'oublions jamais : si on veut que les entreprises créent des emplois, il faut instaurer des conditions qui leur sont favorables. J'insiste : beaucoup de PME sont contraintes de renoncer à l'embauche, tant elles craignent de ne pouvoir réduire la voilure en cas de retournement de conjoncture, sauf à subir les affres des prud'hommes et de procès dévastateurs. C'est triste à dire, mais les barrières au licenciement économique sont avant tout des freins à l'embauche.

Bien sûr, les profits de certaines entreprises du Cac 40 ne cessent de croître tandis que le nombre de chômeurs bat des records chaque mois. Face à ce contraste douloureux, la tentation pourrait être grande de souligner que les entreprises du Cac 40 ont intérêt au chômage. Mais ce raccourci facile est évidemment erroné. Et pour cause : près de 80 % des profits des entreprises du Cac 40 sont réalisés à l'étranger. À l'inverse, la grande majorité des PME franco-françaises voient leurs profits stagner et souvent régresser. Sans parler de celles qui mettent la clé sous la porte. Autrement dit, il n'y a pas de spoliation des Français par les entreprises, mais simplement un accroissement de leur activité hors de l'Hexagone. Pourquoi ? Tout simplement, parce que la pression fiscale, le coût du travail et les rigidités du marché de l'emploi sont trop élevés en France, mais aussi parce que la croissance et la confiance y sont trop faibles.

Les quelques emplois aidés, hier pour les jeunes et demain peut-être pour les « seniors », sont des palliatifs qui masquent la gravité de la situation. Pis, ces aides créent des « poches de précarité », condamnant les moins de vingt-cinq ans à des « emplois jeunes » mal rémunérés et reléguant les plus de cinquante-cinq ans dans la préretraite et/ou des voies de garage. Même si les dirigeants politiques français refusent de l'admettre depuis des années, tant que la croissance ne dépassera pas durablement 1,5 %, le chômage ne pourra baisser significativement. Alors je l'écris sans détour : la « loi travail » de l'actuel gouvernement, qui a été particulièrement édulcorée et a imposé l'utilisation du 49.3 (comme pour la loi Macron) est une réformette.

VIVE LA VRAIE RÉFORME !

Voici les grandes lignes de la vraie réforme structurelle que je propose :

1. Simplifier drastiquement le Code du travail.
2. Réduire les contraintes à l'embauche et au licenciement.
3. Limiter la période d'indemnisation du chômage à un an.
4. Permettre à chaque salarié de choisir son type d'assurance chômage et les cotisations qui pèsent sur le salaire en conséquence.
5. Créer un contrat de travail unique.
6. Améliorer les correspondances entre les formations scolaires et universitaires et les besoins des entreprises.
7. Développer les formations tout au long de la vie professionnelle.
8. Favoriser la mobilité géographique et sectorielle.
9. Supprimer le caractère obligatoire des 35 heures.
10. Permettre aux salariés de choisir leur temps de travail et d'être payés en conséquence.
11. Libérer les heures et les jours d'ouverture des magasins, y compris le dimanche, avec compensations salariales.
12. Donner le choix aux fonctionnaires entre « sécurité de l'emploi et moindre salaire » versus « fin de l'emploi à vie et salaire augmenté ».
13. Réduire de 15 % les charges qui pèsent sur les salaires.
14. Augmenter d'autant le salaire net.

15. Transférer une partie des charges qui pèsent sur les salaires vers la TVA mais sans augmenter le taux de cette dernière.
16. Supprimer le Smic.
17. Créer une meilleure correspondance entre le travail effectué et la rémunération.
18. Accroître la part variable du salaire.

Ambitieux ? Irréalistes ? Impraticables en France ? Peut-être. Mais si nous n'y arrivons pas, alors il faudra accepter un taux de chômage supérieur à 10 % pendant encore des décennies, un taux de chômage des moins de vingt-cinq ans qui dépassera durablement les 25 % et condamnera trop de jeunes à la précarité et in fine à l'instabilité sociétale. Est-ce là l'héritage que notre génération veut laisser ? S'il vous plaît, Mesdames et Messieurs les futurs dirigeants du pays (ceux d'aujourd'hui ont déjà déposé les armes et sont en campagne électorale), cessez de faire comme vos prédécesseurs, en vous contentant de colmater les brèches avec du marketing. Ayez enfin le courage d'engager la France sur le chemin des réformes structurelles et de la modernité économique.

Il ne sert à rien de céder à la mode consistant à se plaindre qu'un nombre de moins en moins élevé d'individus détient de plus en plus de richesses. Et alors ? Appauvrir les riches n'a jamais été un gage de réduction de la pauvreté et surtout de diminution des inégalités dans un monde ouvert où l'excès de taxation engendre des mouvements d'exils fiscaux. Le plus important réside en fait dans la possibilité pour les pauvres d'accéder à la classe moyenne. Or, dans certains pays développés et surtout en France, on observe à l'inverse un délitement de la classe moyenne vers la pauvreté. Il faut rapidement y remédier sous peine d'explosion sociale et sociétale. Et cela passera forcément par une revalorisation du travail, une réduction des charges qui pèsent sur lui, ce qui permettra in fine d'augmenter les revenus des citoyens et par là même d'améliorer leur quotidien.

Faisons donc un rêve : un jour, ces règles de bon sens deviennent la réalité du marché du travail hexagonal et sauvent la France de sa léthargie économique et de son chômage de masse. L'espoir fait vivre...

28.
LE PIÈGE DE LA RETRAITE PAR RÉPARTITION

À côté des 35 heures, l'autre grande supercherie française est le financement de la retraite par répartition. Quelle est selon vous la différence entre le système Madoff et la retraite par répartition française ? Aucune. Ils reposent tous les deux sur le même principe : l'arnaque ! Désolé d'être aussi cru, mais cela fait tellement longtemps que j'essaie, avec d'autres d'ailleurs, de sensibiliser l'opinion et les dirigeants du pays à l'état de faillite de notre retraite. En vain. Il faut peut-être désormais passer à la vitesse supérieure... Cette question n'est effectivement pas nouvelle puisque le premier livre blanc sur les retraites françaises date de 1974. À l'époque, on comptait 3,14 actifs pour un retraité. Le financement du système de retraite par répartition consistant à faire payer les retraités par les actifs ne posait donc aucun problème. Pourtant, on savait déjà que ce « système Ponzi[22] » finirait par exploser à partir du moment où les effets du baby boom de l'après-guerre s'inverseraient. « Dans les années 2010 », disait-on à l'époque, et cela paraissait bien loin.

1,51 ACTIF POUR 1 RETRAITÉ

Jusqu'en 2000, une vingtaine de rapports gouvernementaux sur ce sujet furent rédigés, mais avec quasiment les mêmes conséquences, c'est-à-dire le statu quo. En fait, Il fallut attendre 2003 pour qu'une réforme des retraites soit enfin engagée. Cette « loi Fillon », du nom du ministre du Travail de l'époque, était censée tout résoudre. Pourtant, pour boucler son modèle de financement, elle tablait sur deux hypothèses hasardeuses : une croissance économique de 3 % par an et un taux de

---

22. Le système Ponzi désigne un montage financier frauduleux, inventé par Charles Ponzi dans les années 20 aux États-Unis et qui consiste à rémunérer les investissements des clients essentiellement par les fonds procurés par les nouveaux entrants.

chômage stabilisé autour des 4,5 %. Bien entendu, ces prévisions n'ont pas été vérifiées. Loin s'en faut, puisque les niveaux structurels de la croissance et du chômage en France étaient déjà de respectivement de 1 % et 8,5 %. Si la crise de 2008-2009 n'a évidemment pas arrangé les choses, il est totalement mensonger de lui imputer la responsabilité du déficit des retraites.

Aujourd'hui, on ne recense plus que 1,51 actif pour un retraité soit 2 fois de moins qu'en 1974. À l'instar du système Madoff qui s'est effondré faute de nouveaux cotisants par rapport aux anciens (qui, en plus, réclamaient leur dû), le système de retraite par répartition à la française est voué à l'explosion. Cette réalité ne relève pas de la politique, ni même de l'économie, mais tout simplement de la mathématique. Pourtant, en dépit d'une telle évidence, une grande majorité des Français, du moins selon les sondages, continue de vouloir maintenir le statu quo. Chacun y va de son argument. Pour les uns, la retraite à soixante ans est un acquis social qu'il est impensable de casser ; pour d'autres il suffit de créer un nouvel impôt pour tout résoudre (encore un...).

Le pire est que les prévisions avancées par le Conseil d'orientation des retraites (COR) restent excessivement optimistes ! En effet, il continue d'affirmer que le taux de chômage français va tendre progressivement vers les 4,5 % ou, dans le pire des cas, vers les 7 %. Avec un niveau actuel de 10,3 %, on peut en douter. En d'autres termes, les déficits annuels des retraites prévus par le COR (40 milliards à partir de 2015, 60 milliards à partir de 2020 et 115 milliards en 2050) constituent non des plafonds mais des planchers ! D'ailleurs, au moins deux caisses de retraite, déjà en quasi-faillite, sont renflouées en permanence par l'État.

RESPONSABILISATION DES FRANÇAIS

En outre, il s'agit là de déficits annuels qui se cumuleront dans le temps et pourront avoisiner 2600 milliards d'ici 2050. Or, la dette publique atteint déjà plus de 2000 milliards d'euros et va encore augmenter, indépendamment des déficits des retraites. Il est donc clair que, si la question du financement des retraites n'est pas résolue au plus vite, la note de la dette publique française sera massivement dégradée dans de brefs délais. La réforme des retraites de l'ère Sarkozy est déjà caduque. Elle appelle une nouvelle révolution au plus vite. Malheureusement, la énième réforme, préparée par l'actuel gouvernement, se contentera d'établir des prévisions de croissance et de chômage irréalistes, avec des colmatages de brèches en tous genres, des saupoudrages de mesurettes, des nouveaux impôts, etc. Autrement dit, beaucoup de bruit et de marketing pour pas grand-chose

En fait, pour résoudre définitivement le problème, il faudrait une plus grande responsabilisation des Français face à leur retraite et une harmonisation de l'ensemble des systèmes. Chaque Français devrait notamment connaître officiellement et chaque année le montant de ses cotisations retraites, ainsi que celui des prestations auxquelles elles lui donnent droit. Ensuite, chacun pourra choisir : partir tard ou tôt à la retraite et, en fonction de son choix, recevoir plus ou moins de pensions. Dans le même temps, il faudra forcément soutenir le système par répartition avec une retraite par capitalisation qui permettra aux retraités de toucher l'ensemble des sommes collectées pendant leur vie active, soit d'un seul coup, soit sous forme de rente.

Les deux mots clés du sauvetage de la retraite française sont donc « responsabilité » et « liberté ». Chaque individu est capable de comprendre que s'il vit plus longtemps (et c'est tant mieux), il doit forcément cotiser plus pour conserver le même niveau de prestations retraites. En revanche, il doit aussi avoir la certitude que ces cotisations supplémentaires ne serviront pas simplement à entretenir le « mammouth » ou à payer des personnes qui ont beaucoup moins cotisé que lui. Les Allemands, les Belges, les Anglais, les Italiens et beaucoup d'autres à travers le monde l'ont compris, il n'y a pas de raison que les Français n'y parviennent pas. Sinon, beaucoup d'entre eux n'hésiteront plus à se constituer eux-mêmes leur retraite, par capitalisation, ce qui affaiblira encore davantage le régime général. Pour ce faire, et comme cela s'observe d'ailleurs de plus en plus depuis quelques années, certains partiront à l'étranger afin d'y bénéficier d'une moindre pression fiscale, pouvant ainsi épargner plus pour constituer leur retraite. « Un tiens » vaut mieux que « deux tu l'auras »...

29.
CACHEZ CE PARADIS FISCAL...

« Couvrez ce sein, que je ne saurais voir. Par de pareils objets les âmes sont blessées, Et cela fait venir de coupables pensées. » Cette tirade du *Tartuffe* de Molière a beau dater de 1664, elle ne cesse d'être d'actualité, en particulier dans un monde dominé par le marketing et les faux-semblants. Dernier exemple en date : la « tartuffade » des responsables politiques, notamment français, qui font mine de découvrir, avec les Panama Papers, l'existence d'un paradis fiscal qu'ils ignoraient. « Oh que c'est vilain ! Pourtant, depuis le G20 d'avril 2009, on nous avait promis la disparition des paradis fiscaux ! Mince alors ! On nous aurait donc menti ?! » Soyons donc sérieux et arrêtons de nous voiler la face : il existe aujourd'hui une cinquantaine de paradis fiscaux à travers le monde. Citons-en quelques-uns parmi les plus connus et par ordre alphabétique : Antigua, les Bahamas, le Bahrein, le Costa-Rica, les Émirats arabes unis, le Liberia, les Philippines, les Seychelles, l'Uruguay...

PARADIS ET...

Il existe également des paradis fiscaux parmi les pays de l'OCDE qui ont « pignon sur rue ». Citons par exemple Gibraltar, Jersey ou les îles Caïman sous pavillon britannique, l'État américain du Delaware, la principauté de Monaco (qui est presque française), Saint-Martin ou Curaçao (sous dépendance néerlandaise), Hong Kong et Macao, appartenant à l'empire du Milieu. Enfin, certains paradis fiscaux sont tout simplement des pays développés, notamment Singapour et la Suisse, et d'autres font même partie de la zone euro, en l'occurrence le Luxembourg et l'Irlande.

Eh oui, on l'oublie trop souvent, mais selon la définition officielle de l'OCDE, un paradis fiscal est un « pays ou territoire à fiscalité réduite ou nulle, c'est-à-dire où le taux d'imposition est jugé très bas en comparaison avec les niveaux d'imposition existant dans les pays de l'OCDE ». Selon cette définition, on pourrait donc inclure le Royaume-Uni, voire le Portugal qui, pour attirer les entreprises et les particuliers étrangers, a décidé d'exonérer d'impôt pendant dix ans les ressortissants de l'Union européenne installés dans les contrées lusitaniennes.

La France étant l'un des pays où le taux de prélèvements obligatoires est le plus élevé, cela signifie donc que, pour ses ressortissants, la quasi-totalité des pays de la planète sont des paradis fiscaux. Nous touchons là au nœud du problème : les paradis fiscaux sont si nombreux parce qu'il existe… des enfers fiscaux ! En d'autres termes, si nous réduisons massivement la pression fiscale en France, les paradis fiscaux n'auront plus lieu d'être. Bien entendu, nous ne parlons ici que des personnes et entreprises qui agissent dans le cadre de la loi. On ne peut blâmer un chef d'entreprise, un médecin ou un artisan, taxés toute leur vie professionnelle à 70 % (profits + revenus et sans compter la TVA) de vouloir préserver son capital des fourches caudines de la fiscalité française. Beaucoup de Français ont émigré en Belgique, emportant avec eux un patrimoine d'environ 50 milliards d'euros qui échappe donc au fisc français. L'impôt sur le revenu y est pourtant quasi équivalent à celui pratiqué en France. Mais la philosophie fiscale y est simple : les revenus ne sont taxés qu'une seule fois, contrairement à la France.

… ENFER FISCAL

Notre pays est vraiment un enfer fiscal : impôts sur le revenu, ISF, impôts sur les dividendes, droits de succession, CSG-CRDS, qui retourne ensuite dans l'assiette fiscale faisant de la France l'un des seuls pays au monde où on paie des impôts sur des impôts déjà payés…

Il ne faut surtout pas confondre exil fiscal et fraude fiscale. L'argent sale, les fraudes et arnaques en tous genres doivent être combattus sans aucune pitié. Il est normal de payer des impôts dans son pays, quand on profite de ses infrastructures et surtout par solidarité envers les plus démunis. L'impôt, qui permet de réduire les inégalités et de vaincre la pauvreté, est tout à fait justifié. Mais ce n'est plus vraiment le cas en France depuis une vingtaine d'années. Regardons la réalité en face : depuis les années 1980, les impôts et les dépenses publiques n'ont cessé de flamber, en valeur, en volume (c'est-à-dire hors inflation) et surtout en pourcentage du PIB. Or, en dépit de cette gabegie de dépenses publiques, la croissance structurelle de la France est passée de 2,5 % à moins de 1 %, le chômage atteint des proportions dramatiques, les inégalités augmentent et la pauvreté s'accroît. Autrement dit, les Français paient de plus en plus d'impôts, mais l'économie française et la solidarité fonctionnent de moins en moins bien. Encore plus grave, l'obstination à vouloir augmenter sans cesse la pression fiscale casse la croissance, ce qui finit par réduire l'assiette fiscale et limiter les recettes de l'État. Conséquence logique de ce manque de clairvoyance et de ce dogmatisme maladif, les déficits publics très élevés entraînent la dette vers des niveaux inadmissibles.

Le plus drôle (du moins pour les amateurs d'humour noir) est que les gouvernements successifs utilisent justement l'argument de la réduction des déficits pour justifier leurs augmentations d'impôts. La boucle est donc bouclée, mais dans le mauvais sens. Pour faire avaler par les citoyens l'aggravation de la pression fiscale, on montre du doigt, tels des boucs émissaires, ceux qui en ont assez de payer énormément pour alimenter le mammouth de la dépense publique sans réduire les inégalités. Dans la mesure où nous vivons dans une économie internationale ouverte, les plus aisés pourront alors quitter la France. Les dindons de la farce seront donc, une fois encore, les membres de la classe moyenne qui s'appauvrit d'année en année. Là réside l'un des drames de la stratégie d'augmentation de la pression fiscale : elle appauvrit les Français et nivelle la société par le bas.

D'ores et déjà, selon les statistiques officielles de l'INSEE (pour 2013), plus de 3 millions de Français vivent à l'étranger. Parmi ces expatriés, 44 % ont un niveau bac + 5, contre 27 % des étrangers s'installant en France. Ces fuites de cerveaux réduisent évidemment le potentiel d'innovation du pays. Pire, au-delà des artistes, chefs d'entreprise et autres ingénieurs qui émigrent, des milliers d'emplois sont en danger. Avec un taux de chômage de 10,2 % en catégorie A et de 22 % toutes catégories, les destructions d'emplois à venir ne feront qu'aggraver la situation, ce qui accroîtra encore les déficits et la dette, incitant de nouveau les dirigeants hexagonaux à augmenter les impôts… et le cercle pernicieux continuera jusqu'à ce que mort s'ensuive.

Il faut donc arrêter de faire croire que tous nos maux sont dus aux paradis fiscaux, arrêter également de liguer les Français les uns contre les autres et d'attiser la lutte des classes. Le seul moyen de sortir la France du marasme est, au contraire, de réduire la pression fiscale qui pèse sur les ménages et les entreprises. Si les dirigeants français s'obstinent à faire le contraire et à stigmatiser les Français qui ont réussi et paient donc beaucoup d'impôts, alors il faut se préparer à un véritable exode fiscal qui coûtera très cher à notre beau pays pendant de très nombreuses années.

Oui, l'exil fiscal est devenu une donnée incontournable de la fin d'un monde. Sans adaptation au nouveau paradigme économique mondial, la sanction risque d'être sévère...

30.
LE FORFAIT DES DIRIGEANTS POLITIQUES : DE LA CAGNOTTE À LA DÉCHÉANCE DE CRÉDIBILITÉ…

Comme nous ne cessons de le voir depuis le début de ce livre, l'un des grands drames des quinze dernières années réside dans le refus des dirigeants politiques de voir la réalité en face, d'intégrer que le monde d'hier a disparu et de changer de logiciel. De la sorte, ils sont incapables de prendre les bonnes décisions économiques. À force de penser à la « paix sociale » et surtout à leur réélection, ils ont amené l'économie mondiale au bord du gouffre. En la matière, la France a été un exemple !

Tout dernièrement, les dirigeants français nous ont ainsi refait le coup de la cagnotte. Et une fois encore, les efforts marketing ont été pléthore. Tout a commencé avec le satisfecit de Michel Sapin sur le déficit public dont le poids dans le PIB est passé de 4,0 % en 2014 à 3,6 % en 2015. Ce repli, plus fort qu'attendu, s'explique par des éléments non extrapolables telles que la baisse des taux d'intérêt des obligations de l'État français et l'augmentation des recettes fiscales liée au retour de certains exilés fiscaux. Dans le même temps, comme le PIB en valeur de 2014 a été révisé à la baisse et celui de 2015 à la hausse, le ratio déficit/PIB en a mathématiquement bénéficié.

Pourtant, en dépit du caractère provisoire de ces facteurs positifs, Michel Sapin n'a pas hésité à laisser entendre que dans la mesure où le déficit a baissé plus que prévu en 2015 et devrait en faire de même en 2016 (selon les prévisions gouvernementales), l'État français disposait désormais d'une marge de manœuvre pour augmenter les dépenses publiques. Avec un déficit public de 77,4 milliards d'euros et une dette de quasiment 2100 milliards d'euros, il faut quand même oser…

TRISTE CAGNOTTE...

Nous voilà donc repartis en 2000, lorsque, grâce à une croissance économique plus forte qu'anticipé (qui était tout de même de 3,6 % par an de 1998 à 2000, contre 0,6 % de 2012 à 2015), le gouvernement Jospin évoquait la formation d'une « cagnotte ». Dès lors, plutôt que de profiter de l'amélioration exceptionnelle et temporaire de la croissance pour réduire le déficit public structurel, celui-ci a au contraire transformé le regain de recettes conjoncturelles en une augmentation des dépenses publiques, qui, par définition, sont structurelles, donc définitives.

Parallèlement, les dirigeants français de l'époque ont choisi de réduire la durée légale du travail et par là même d'en augmenter le coût, tout en rigidifiant le marché de l'emploi. Ensuite, il y eut le krach Internet, les attentats du 11-Septembre 2001, la guerre en Afghanistan, et la croissance forte disparut pour ne plus jamais revenir, du moins dans l'Hexagone. Aussi, dès que la croissance est retombée vers un niveau plus « normal » (c'est-à-dire autour de 1 %), les déficits publics ont de nouveau explosé. Merci la « cagnotte » !

Le pire est que cette stratégie court-termiste, destinée notamment à permettre à Lionel Jospin d'accéder à la présidence de la République, ne lui a pas porté bonheur puisqu'il ne passa même pas le premier tour des élections présidentielles de 2002. De quoi rappeler que lorsque le politique et le marketing l'emportent sur l'économique, le retour de bâton est généralement très douloureux.

Malheureusement, les gouvernements passent, mais les erreurs (pour ne pas dire les horreurs) économiques se perpétuent. Ainsi, pâtissant d'une popularité catastrophique et refusant de tirer les leçons des erreurs du passé, les dirigeants actuels ont déjà commencé la période des cadeaux pré-électoraux. Certains prônent même la mise en place d'une forte relance budgétaire. Nous nageons en pleine utopie et surtout dans des eaux très dangereuses.

Car ne nous leurrons pas : les facteurs exceptionnels qui ont permis de réduire le déficit public en 2015 ne seront pas renouvelés en 2016 et 2017. D'ores et déjà, la remontée des cours des matières premières limitera l'activité dans les prochains mois. Les derniers indicateurs avancés de la conjoncture montrent d'ailleurs que le ralentissement a déjà commencé. La croissance française ne sera donc certainement pas supérieure à 1,5 % cette année, mais plutôt comprise entre 1 % et 1,3 %, ce qui signifie plus de chômage, moins de recettes fiscales et plus de dépenses sociales.

Parallèlement, la faiblesse des taux d'intérêt obligataires ne sera pas éternelle et devrait même laisser place à une nette augmentation d'ici le début 2017. Enfin, les cadeaux pré-électoraux se traduiront par une hausse conséquente des dépenses publiques. Dans ce contexte, il est clair que le déficit public français ne baissera pas en 2016. Il pourrait même remonter à 3,7 %. Une évolution qui ne manquera évidemment pas de réduire encore la piètre crédibilité du gouvernement.

Cette dernière a d'ailleurs encore pâti cette année de deux autres évènements fâcheux, à savoir la reculade sur la déchéance de nationalité et le retoquage massif de la « loi travail », qui n'a pourtant pas empêché de nouvelles grèves et manifestations dans l'ensemble du pays.

Même si toutes ces mésaventures ne sont pas directement liées, elles montrent néanmoins l'incapacité du gouvernement à tenir un cap et surtout l'impossibilité de mener une refonte structurelle (que nous appelons « thérapie de choc ») de l'économie française.

RÉVEIL DOULOUREUX

Autrement dit, si la déchéance de nationalité a été abandonnée, la déchéance de crédibilité du gouvernement et plus globalement des dirigeants politiques ne cesse de s'aggraver. Or, si, pour le moment, grâce notamment à la « planche à billets » de la BCE, cette défiance n'a pas de conséquence sur le niveau des taux d'intérêt des obligations de l'État français, le réveil arrivera forcément et sera par nature très difficile.

Avant d'en arriver là, il est donc urgent de mettre un terme à tous ces atermoiements et à cet amateurisme. Il faut effectivement faire de la pédagogie et surtout avoir le courage de moderniser profondément les rouages de l'économie française. Si, au regard des annonces récentes quant à la soi-disant « cagnotte », nous savons que cela ne se produira malheureusement pas avant 2017, il faut vraiment espérer que par la suite, les dirigeants y parviendront. Sinon, c'est la France dans son ensemble qui connaîtra une déchéance majeure et durable. Mesdames et Messieurs les politiques, vous êtes prévenus.

Pour changer cette donne, il paraît donc déterminant de modifier en profondeur les arcanes du pouvoir, en imposant aux dirigeants français de prendre les mesures nécessaires, non pas pour être réélus mais pour améliorer la situation économique et sociale de leur pays. Pour y parvenir, cela passera notamment et forcément par l'instauration d'un système de mandat unique, éventuellement renouvelable une fois pour les maires. De la sorte, les dirigeants n'auront plus besoin de mentir à leurs concitoyens et de prendre des mesures électoralistes, puisqu'ils ne pourront pas être réélus. CQFD.

31.
IMMIGRATION, PAUVRETÉ, PATRIOTISME ÉCONOMIQUE : EN FINIR AVEC LES HYPOCRISIES !

À côté du refus maladif de baisser les dépenses publiques et de moderniser le marché du travail français, il s'agit certainement du sujet le plus « touchy » des dernières années et a fortiori des derniers mois avec la crise des migrants. En l'occurrence : l'immigration est-elle un moteur de croissance ou un piège à chômage ?

Ainsi, lors du débat autour des migrants, de nombreuses voix se sont élevées pour rappeler que la France ne serait pas ce qu'elle est sans ses immigrés. D'aucuns de rappeler l'apport des Italiens, des Espagnols et des Portugais dans les années 1960 et 1970. C'est vrai. Seulement voilà, cette réussite ne peut s'obtenir que sous certaines conditions, notamment une situation de plein-emploi ou de chômage faible, et surtout une parfaite intégration doublée d'une complète adhésion aux codes de la société accueillante.

Sinon, l'immigration mal contrôlée peut devenir un écueil dont les effets négatifs dépassent largement les effets positifs liés au surcroît supposé et de toute façon temporaire de la consommation.

Ne l'oublions effectivement pas : baser la croissance exclusivement sur la consommation est voué à l'échec pour la simple raison qu'aujourd'hui dans les pays développés et notamment en France, lorsque nous achetons 100 euros de produits, 50 euros sont des produits importés.

C'est en cela qu'en dépit d'un mini-baby boom en France depuis une quinzaine d'années, la croissance structurelle n'a cessé de baisser.

De plus, même si cela n'est pas politiquement correct, il faut savoir qu'en France, depuis une dizaine d'années, un bébé sur trois naît dans une ZUS (Zone urbaine sensible). La question est donc de savoir ce que deviendra ce bébé vingt-cinq ans plus tard. Sera-t-il un moteur de croissance ou un chômeur de longue durée ?

Si je me permets d'en parler, c'est parce que j'ai vécu de 0 à 25 ans dans une ZUS d'Orly, à une époque où, dans cette dernière, 85 % d'une classe d'âge n'avait pas le bac. J'ai eu la chance de m'en sortir, mais pour combien qui sont restés dans les affres de la « cité » et du chômage...

IMMIGRATION : CROISSANCE OU CHÔMAGE ?

De là à imaginer que l'immigration ne fait qu'accroître les contingents de chômeurs, il y a néanmoins un pas qu'il ne faut pas franchir. Certes, certains chiffres prêtent à confusion. Ainsi, de 1990 à 2015, le taux de chômage en France est passé de 8 % à près de 11 %. Or, sur cette même période, la part des immigrés dans la population active est passée de 7 % à plus de 10 %. Dans les deux cas, l'augmentation est donc de 3 points. Faut-il pour autant en déduire que ces deux variations sont intimement liées ? Un peu facile, mais pas complètement faux. En fait, aucune conclusion hâtive ne peut être tirée de ces chiffres.

Pour être précis, tout dépend de l'employabilité des citoyens. C'est en cela que le vrai drame de l'immigration réside dans le fait que les immigrés et leurs enfants sont trop souvent relégués dans des ZUS où il n'y a plus d'ascenseur social depuis longtemps et où l'extrémisme et la loi du plus fort l'emportent trop souvent sur la loi de la République.

Autrement dit, les élites et les dirigeants français qui défendent que l'immigration est positive pour la croissance et décident dans le même temps de « parquer » les immigrés dans des ZUS sont tout simplement stupides.

Il faut être clair : en France, depuis les années 1990, aucune étude sérieuse ne parvient à établir une corrélation avérée entre immigration, croissance et chômage.

Tout dépend de la capacité des immigrés à s'intégrer et à être intégrés. C'est en cela que s'il n'est évidemment pas parfait, le modèle d'immigration choisie apparaît intéressant. En effet, dans ce cas, l'immigré est sûr de ne pas se retrouver au chômage, du moins à court terme, parce que son entrée dans le pays d'accueil dépend justement de ses qualifications qui sont expressément demandées par ce dernier.

Et l'humain dans tout ça ? Bien entendu, dans un monde parfait, la pauvreté aurait disparu et les pays d'accueil se feraient concurrence pour attirer les immigrés.

Seulement voilà, ce monde parfait n'existe pas. En d'autres termes, ce qui est possible lorsque le plein-emploi règne, ne l'est pas lorsque le chômage de masse sévit. Encore une fois, essayons simplement d'intégrer ces règles de bon sens et nous pourrons alors appréhender l'immigration avec discernement et sans tabou.

Cette démarche est d'autant plus déterminante que la France et l'Europe sont menacées par de fortes tensions géopolitiques et ethniques, ainsi que par le terrorisme, sans oublier les risques de dérapages sociaux et sociétaux.

Aussi, il apparaît indispensable de redonner de la cohésion à la société française et plus largement à l'ensemble de l'Europe. En effet, de par la croissance molle qui prévaut depuis vingt ans et a fortiori depuis la crise de 2008-2009, les tensions sociales se sont accrues. Et ce, d'autant que, compte tenu de la faiblesse de la culture économique et de l'apologie de la lutte des classes qui prévaut dans l'Hexagone depuis trop longtemps, le terreau de la jalousie, des haines et des extrémismes en tous genres y est particulièrement fertile.

Dans un tel contexte d'animosité, la croissance forte et durable, et son corollaire, le plein-emploi, deviennent impossibles. C'est un peu comme si les membres de l'équipage d'un paquebot passaient leur temps à se chamailler et à se tirer dans les pattes. Il y aurait dès lors peu de chances pour que ce bateau avance rapidement et a fortiori arrive à bon port… Voilà pourquoi, à côté de la « thérapie de choc » économique dont a besoin la France pour sortir de l'ornière, il faudra également réconcilier les Français avec l'économie au sens large, mais aussi avec celle de leur pays et finalement avec eux-mêmes.

Pour commencer, il paraît donc indispensable de développer la culture économique des Français et leur faire comprendre que les mesures à prendre ne sont ni ultra-libérales, ni de gauche ou de droite, mais simplement de bon sens. En effet, il n'y a désormais plus de théorie économique dominante. La seule théorie valable est celle de la croissance, de l'emploi et de la réduction de la pauvreté.

PATRIOTISME INTELLIGENT

Une fois que ce terreau fertile existera dans l'Hexagone, il sera aussi indispensable de développer un patriotisme économique intelligent franco-européen. Pour ce faire, il faudra simplement apprendre aux Français à aimer à la fois leur pays et leur continent. Oui, si sans la France, la zone euro finira forcément par disparaître, sans la zone euro, la France plongera dans un cataclysme sans précédent.

Voilà pourquoi, il faut tout faire pour éviter d'en arriver là. Pour autant, il ne faut pas se voiler la face : certains Français refusent d'accepter ces évidences et de plus en plus de tensions sociales, voire ethniques, se généralisent dans l'Hexagone, faisant le jeu des partis extrémistes, qui n'hésitent plus à stigmatiser et essayer de convaincre le plus grand nombre de la nécessité d'une « chasse aux sorcières ».

Aussi, pour couper l'herbe sous le pied à toutes les tentations extrémistes, mais aussi pour éviter de multiplier le nombre de passagers clandestins sur ce grand bateau qu'est la France, il paraît opportun de créer un choc fédérateur. Celui-ci pourrait par exemple passer par l'instauration pour tous les citoyens adultes d'une cérémonie d'allégeance aux drapeaux français et européen.

Une formule bien moins coûteuse et sûrement plus efficace que le service militaire, dont la suppression a néanmoins cassé le creuset fédérateur du peuple français. Évidemment symbolique, cette mesure permettrait notamment de rappeler aux citoyens français la chance qu'ils ont de vivre ici, c'est-à-dire en France et dans la zone euro, un havre de paix, démocratique, libre et laïc. Elle devrait également les inciter à ne pas jouer contre leur propre camp. Et si des citoyens refusaient cette allégeance, ils devraient alors en tirer les conséquences, soit en quittant le pays (pour ceux qui ont ou souhaitent une double nationalité), soit en étant sanctionnés par un moindre accès aux services publics de la France.

Cette mesure permettrait également de créer du liant et de la cohésion au sein de la société française. Un Français n'est effectivement pas identifiable par sa race, sa religion, sa couleur de peau, ses idées politiques ou ses penchants sexuels, mais par sa capacité à créer de la richesse et à faire avancer sa propre personne, sa famille, son entreprise et son pays vers le haut. Tel est le vrai patriotisme économique !

Grâce à cette prise de conscience, nous pourrons alors mieux vivre ensemble et relever les défis du nouveau monde. Sinon, je le dis franchement, le délitement de la société, voire la guerre civile sont au coin de la rue.

32.
LE JOUR D'APRÈS...

Certes, pour le moment, tout va bien ! Tout va même de mieux en mieux, à en croire certains. Et pour cause : la croissance dans la zone euro et en France n'a jamais été aussi forte depuis 2012 et le chômage commence à baisser significativement. À tel point que de nombreux instituts de conjoncture annoncent de belles performances économiques pour les trimestres à venir. Magnifique !

Seulement voilà, le consensus a très souvent tort. Autrement dit, c'est lorsque tout le monde pense la même chose qu'il faut commencer à s'inquiéter. Et ce, en particulier lorsque les prévisions du FMI, de la BCE et de la Commission européenne convergent. Il serait par exemple utile de rappeler qu'en 2007 et jusqu'au début 2008, ces trois institutions soulignaient que l'économie eurolandaise se portait à merveille et lui prévoyaient une croissance soutenue pour 2008-2009, accompagnée d'une forte inflation. C'est d'ailleurs en partie à cause de ce dynamisme annoncé que la BCE a augmenté ses taux directeurs fin 2007 et jusqu'en juillet 2008. Mieux, dans la plupart de ses rapports depuis 2006, la Commission européenne et le FMI ne cessaient d'encenser la réussite économique de l'Espagne, du Portugal et de la Grèce !

TROP BEAU POUR ÊTRE VRAI...

À l'évidence, il aurait été difficile de faire pire. C'est pourtant ce qui s'est produit lorsqu'en 2011 ces institutions annonçaient le fort redémarrage de la croissance dans la zone euro, la BCE joignant même le geste à la parole, en remontant par deux fois son taux refi. Si le passé est mort et s'il ne sert pas à grand-chose de remuer le couteau dans une plaie toujours ouverte, ces erreurs consensuelles de prévisions rappellent néanmoins qu'il faut prendre les dernières annonces du FMI, de la BCE, de la Commission européenne et a fortiori de Bercy avec beaucoup de précaution.

N'ayons pas peur d'aller jusqu'au bout du raisonnement : les prévisions relativement favorables de ces institutions ou encore l'affirmation de Monsieur Draghi selon laquelle il n'y aurait absolument pas de bulle obligataire constituent d'excellents indicateurs avancés de ce qui va se produire, mais en sens inverse.

Les dernières données d'enquêtes, notamment des directeurs d'achat, de l'institut IFO, de l'INSEE, mais aussi de la Commission européenne (!), sont d'ailleurs formelles : les perspectives d'activité sont déjà à la baisse. Dès lors, après un premier trimestre 2016 de croissance appréciable, une nette décélération, voire une baisse, du PIB devrait se produire dans la zone euro et en particulier en France d'ici la fin d'année.

Mais ce n'est pas tout, car si les investisseurs et le monde économico-financier dans son ensemble sont habitués à la mollesse économique de la zone euro, ils restent apeurés par le ralentissement qui se dessine aux États-Unis et en Chine. Dans ce cadre, et comme cela a déjà commencé depuis un an, les marchés financiers pourraient connaître de multiples tempêtes, préfigurant un krach imminent.

Au-delà de dégonfler les bulles obligataires et boursières qui se sont formées ces derniers mois, ce krach clôturerait la fin d'un monde déjà engagée depuis la crise de 2008-2009. Le krach de 2016 pourrait ainsi constituer le « big one » tant redouté sur les marchés.

Car si un krach se produit cette année ou en 2017, la croissance mondiale s'effondrera. Or, les autorités monétaires et budgétaires internationales ont déjà utilisé toutes leurs cartouches pour tenter de relancer la machine. D'où une question simple : que se passera-t-il le jour d'après ?

VOTRE ÉPARGNE EST EN DANGER

Dans une de ses recommandations de 2013, le FMI a déjà annoncé la couleur : taxer les dépôts bancaires et l'épargne sur livret au sens large, à hauteur de 10 % au-delà d'un certain seuil, par exemple 100 000 euros. Autrement dit, tous les ménages et les entreprises disposant de plus de 100 000 euros sur n'importe quel type de comptes bancaires se verraient ponctionner 10 % de leur « surplus ». Et ce « overnight », c'est-à-dire du jour au lendemain et sans sommation.

Cela ramènerait par exemple plus de 600 milliards d'euros dans les caisses de l'État français. À l'évidence, la tentation est forte. Et lorsqu'on entend certains hommes politiques ou économistes proches du gouvernement ou de certains partis politiques (y compris de droite) souligner à répétition que les Français sont riches, que leur patrimoine dépasse les 14 000 milliards d'euros (dont environ 7000 milliards d'euros d'épargne financière, donc non immobilière et par là même facilement « ponctionnable »), on comprend que cette mesure d'urgence est déjà dans les tuyaux et qu'elle se produira immanquablement lors de la prochaine grave crise.

D'ores et déjà, il faut savoir que la directive européenne relative au redressement des banques et à la résolution de leurs défaillances (BRRD) a été transposée à la France par ordonnance en toute discrétion, le 21 août 2015, et est entrée en vigueur le 1er janvier 2016. Ainsi, depuis cette date, les comptes des clients dotés de plus de 100 000 euros de dépôts pourront être prélevés pour contribuer au sauvetage de leur banque. Or, si les banques le peuvent, l'État le pourra d'autant plus facilement. La spoliation des clients bancaires lors de la crise chypriote de 2013 est donc désormais possible en France. Et il est clair qu'en cas de crise majeure, l'État français ne se gênera pas...

D'où trois grands enseignements. Primo, la mise en pratique de ce bazooka ne pourra se faire qu'une fois. Elle engendrera effectivement un fort mouvement de fuite de capitaux vers des pays moins confiscatoires et finira par affaiblir les autres. Pour limiter ces fuites, les pays engageant une telle mesure ne manqueront d'ailleurs certainement pas d'instaurer le contrôle des changes, c'est-à-dire de fermer les frontières et de limiter drastiquement voire d'interdire les sorties de capitaux. C'est d'ailleurs ce qu'avait décidé le gouvernement Mitterrand lors de la relance de 1981. Mais, à l'époque, les mouvements internationaux de capitaux étaient encore relativement faibles. En outre, plus de 80 % de la dette publique française étaient détenus par des investisseurs nationaux. Le contrôle des changes était alors plus symbolique que prohibitif.

De nos jours, la situation est bien différente. Tout d'abord, si la France veut continuer de respecter les pactes européens et les règles de l'OMC, il lui est interdit de pratiquer un contrôle des changes. Si elle le faisait, elle s'exclurait de facto de la zone euro. De plus, souvenons-nous que plus de 60 % de la dette publique française sont actuellement détenus par des investisseurs étrangers. Interdire la sortie des capitaux du territoire nationale reviendrait donc à se priver d'une large partie du financement de notre dette. Ce qui se traduirait par une forte augmentation des taux d'intérêt, d'où une nouvelle phase de récession, d'augmentation du chômage, des déficits publics, de la dette...

D'où notre secundo, à savoir : rien ne prouve que la ponction de 10 % sur les comptes d'épargne permettra de relancer durablement la croissance et de réduire durablement les déficits publics. Bien au contraire, puisqu'elle pourrait aggraver encore la récession dans les pays ayant fait ce triste choix. Il s'agira donc d'un fusil à un coup particulièrement inefficace.

Tertio, mieux vaut prévenir que guérir. Autrement dit, pour ceux qui le peuvent, il serait plus prudent de limiter les dépôts sur comptes, sur livrets et sur tout types d'épargne à 100 000 euros, quitte à en multiplier le nombre. Nous sommes prévenus, il ne faudra pas se plaindre le jour d'après...

CONCLUSION
LA FIN DÉTEND !

Ayons le courage d'ouvrir les yeux : oui, le monde de la suprématie des pays développés, de la croissance forte, du plein-emploi et de la paix sociale a disparu. A-t-il d'ailleurs déjà existé ? Peut-être dans la tête de certains idéalistes qui sont donc logiquement devenus mélancoliques d'un passé chimérique.

Une chose est sûre : avec le développement des anciens pays émergents devenus désormais leaders mondiaux, mais aussi de par la faiblesse structurelle de la croissance des pays dits développés, la fin de la finance reine depuis la crise des subprimes, sans oublier la généralisation de la numérisation et la multiplication des innovations technologiques, le monde est devenu de plus en plus complexe.

Malheureusement, malgré ce changement évident de paradigme, beaucoup trop individus continuent de refuser cette nouvelle réalité, préférant vivre dans le passé ou dans des rêves particulièrement dangereux. À leur tête, de nombreux hommes et femmes politiques ou leaders d'opinions alimentent ce déni de réalité, entretenant une ignorance organisée et dévastatrice. Car, comme le disait Simone de Beauvoir « le principal fléau de l'Humanité n'est pas l'ignorance mais le refus de savoir ».

Ainsi, face à un monde en mouvement, les individus, les corps sociaux et les pays qui nieront la réalité et refuseront d'intégrer les changements ou encore de s'adapter aux nouvelles règles seront condamnés à l'échec et à la déchéance tant économique que sociale.

La situation de la France depuis quelques décennies, et a fortiori depuis quelques mois, nous en donne un triste exemple. En effet, à force d'être abreuvés de mensonges, de faux-semblants et de vains espoirs, de plus en plus de citoyens français n'en peuvent plus. Jusqu'à récemment, on parlait notamment des victimes du « ras-le-bol » fiscal, qui témoignaient de leur malaise sans faire trop de bruit, se contentant tout simplement de quitter notre douce France. « Qu'ils partent ! Ce sont des traîtres ! » leur lançaient haineusement les Mélenchon et autres partisans de « l'égalisation par le bas », donc de l'appauvrissement de la France.

Et c'est bien là le drame. Car si les plus favorisés ont les moyens de partir sans trop de dégâts, si ce n'est une réduction des recettes fiscales de l'État, les autres, c'est-à-dire la très grande majorité des Français, sont contraints de rester et de payer la facture. D'où une vague d'appauvrissement de la classe moyenne, qui, elle aussi, est désormais touchée par le trop-plein fiscal et le ras-le-bol du quotidien.

En revanche, si les « méchants » exilés fiscaux sont partis sur la pointe des pieds, les « gentils » contribuables pris au piège ne manquent pas de crier haut et fort leur mécontentement. À tel point que les différents gouvernements depuis vingt ans n'ont cessé de reculer et n'ont pas eu le courage d'engager la France sur la voie des vraies réformes structurelles. Si bien que la France reste l'un des derniers pays au monde à refuser de moderniser ses structures économiques et sociales.

Et si jusqu'à présent la France a pu compenser ce manque de courage en puisant dans sa richesse passée, elle n'en a plus les moyens aujourd'hui. C'est d'ailleurs pourquoi, sans évidemment le crier sur les toits, de nombreux dirigeants politiques pensent déjà à utiliser « l'arme nucléaire » de la ponction autoritaire sur l'épargne des Français.

Une crise sans précédent s'engagera alors, avec récession et flambée du chômage à la clé. Le pire est que les Français étant hermétiques à la réforme, il s'agira peut-être d'un mal nécessaire pour enfin engager la « thérapie de choc » dont la France a besoin. Autrement dit : tant que l'économie française ne passera pas par la « case grecque » (c'est-à-dire une grave crise économico-financière), les citoyens et surtout les politiques n'accepteront pas d'engager les mutations indispensables. Le seul problème, c'est qu'une révolution, on sait lorsqu'elle commence, mais on ne sait jamais quand et surtout comment elle finit.

C'est pourquoi je préfère encore garder l'espoir d'une « révolution en douceur », via l'explication et la pédagogie. C'est d'ailleurs le but principal de ce livre. Car si les Français et globalement l'ensemble des Européens comprennent les nouvelles données de l'économie mondiale, alors peut-être tourneront-ils le dos aux extrémismes destructeurs et accepteront-ils de se retrousser les manches pour sauver notre douce France et notre grande Europe.

Ils auront alors certainement la force de transmettre leur savoir et leur courage aux dirigeants politiques. Car ne l'oublions pas : nous avons généralement les « politiques » que l'on mérite. Autrement dit, c'est à nous de faire bouger le système sclérosé et archaïque de la politique et de l'économie françaises. Nous sommes tous, chacun à son niveau, des relais d'opinion. Nous devons donc porter haut et fort la voix du changement positif pour faire barrage aux extrémismes qui ne vivent que des failles du système et ont donc intérêt à les entretenir.

Je n'hésite pas à l'écrire : oui, la fin des temps est proche. Mais, si l'on prend les bonnes mesures, la fin de ce monde détendra l'atmosphère et nous amènera vers un autre monde encore plus performant, tant d'un point de vue économique que social. Ce qui nous permettra de confirmer que la fin détend...

C'est à ce moment-là que nous pourrons abandonner le dogme du PIB pour le remplacer par le BIB : le bonheur intérieur brut.

Certes, il faut reconnaître que d'ores et déjà, lorsque l'on voyage à travers le monde, on réalise combien nous sommes privilégiés en France. Son modèle est d'ailleurs bien connu : nous payons beaucoup d'impôts, mais, en échange nous bénéficions d'un « open bar » : l'école, la santé, les congés, le chômage, « all inclusive » : tout est pris en charge ! Nous sommes donc « heureux ». Mais encore faut-il le rester et surtout à quel prix ?

C'est en cela que le BIB pose pas mal de problèmes. Tout d'abord, n'oublions pas que s'il est déjà très difficile de calculer un indicateur tel que le PIB, la tâche sera encore bien plus ardue avec un indice du BIB. Autrement dit, pour mettre au point un indicateur du bonheur, il faudra se lever de bonne heure. Blague à part, il est clair que, généralement, avant d'avoir un peu de BIB, il faut aussi un peu de PIB. En d'autres termes : le bonheur ne tombe pas du ciel et nécessite souvent un peu de revenus auparavant.

Pour être encore plus clair, se poser la question du bonheur est un luxe de « riches » que tout le monde ne peut pas se permettre. Car, généralement, avant de choisir de travailler moins, voire d'arrêter de travailler et de profiter de la vie, il faut tout de même avoir mis un peu d'argent de côté. Or, sans travail, pas d'argent. Et sans argent, beaucoup de galères. Il serait bon de le rappeler aux apparatchiks d'extrême gauche qui appellent régulièrement à la révolution, mais sont bien contents de rentrer chez eux le soir dans leur petit confort.

C'est donc bien cela qu'il faut faire comprendre aux jeunes générations et aux tenants de la décroissance. Non, la croissance n'est pas une fin en soi. Loin s'en faut. La croissance est simplement le moyen principal de créer plus d'emplois. Et ne nous leurrons : il n'y a pas d'emploi sans croissance. L'État pourra toujours créer des emplois publics, en creusant les déficits et en augmentant la dette, mais il faudra tôt ou tard les financer par des impôts qui seront forcément ponctionnés sur de la croissance.

Donc, plus de croissance signifie plus d'emplois, c'est-à-dire plus de revenus, puis, en conséquence, plus de consommation et d'investissements. Et, au bout du compte, plus de réalisations économiques et donc, puisque c'est le mot à la mode en ce moment : plus de bien-être économique ou encore plus de Bonheur économique.

Oui, cet aboutissement est encore possible si nous acceptons de comprendre et d'intégrer les nouvelles réalités économiques, financières et sociétales dans nos décisions à venir. Et ce, que nous soyons dirigeants politiques, chefs d'entreprise, travailleurs indépendants, hauts fonctionnaires, salariés publics ou privés, artisans, étudiants, retraités, syndicalistes (évidemment non dogmatiques)...

De la sorte, nous réussirons à redresser la France et l'Europe, ensemble. Nous pourrons alors faire partie, tant individuellement que collectivement, des gagnants de la fin de l'ancien monde et des bâtisseurs du nouveau monde. À nous de jouer !

ANNEXES

CHAPITRE 3 : LA FRANCE IRRÉFORMABLE ?

Déficit public et dette publique de la France : encore et toujours !

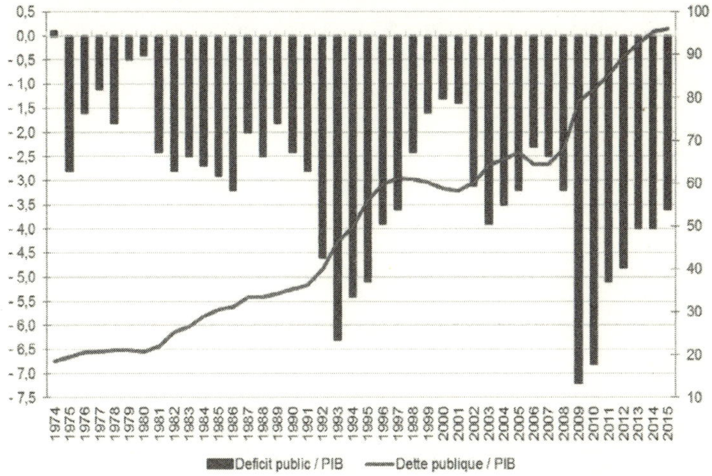

Sources : INSEE, ACDEFI

CHAPITRE 5 : REDISTRIBUTION DES CARTES

Répartition du PIB mondial de 1980 à 2020 : que de chamboulements !

	1980	1990	2000	2010	2015	2020
Pays développés	63,7	63,9	57,0	46,3	42,4	39,2
Pays du G7	51,1	51,0	43,8	34,4	31,5	28,9
États-Unis	21,9	22,1	20,8	16,8	15,8	14,9
Zone euro	22,7	21,1	17,6	13,7	11,9	10,9
Japon	7,6	8,7	6,5	4,9	4,3	3,7
Allemagne	6,6	6,1	4,9	3,7	3,4	3,1
France	4,4	4,1	3,4	2,6	2,3	2,1
Royaume-Uni	3,8	3,7	3,1	2,5	2,4	2,2
Pays émergents	36,3	36,1	43,0	53,7	57,6	60,8
Chine	2,3	4,1	7,4	13,8	17,1	19,4
Inde	2,9	3,7	4,2	6,0	7,0	8,5
Russie	ND	ND	3,3	3,6	3,3	2,8
Brésil	4,4	3,7	3,2	3,2	2,8	2,4

Sources : FMI, ACDEFI

La Chine résiste, mais le Brésil s'effondre.

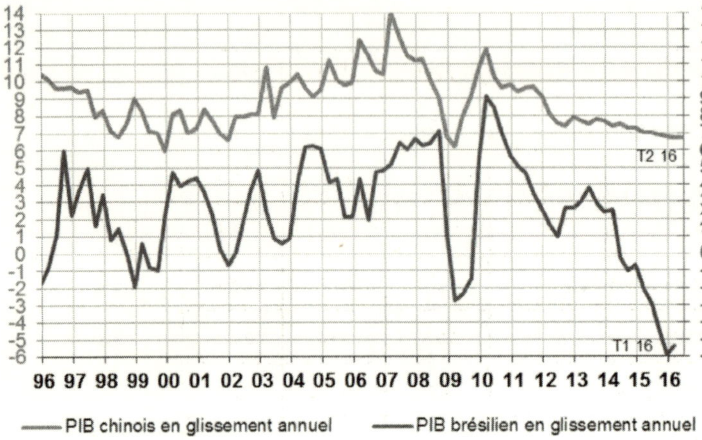

Sources : NBSC, IBGS, ACDEFI

CHAPITRE 5 ET 6 :

Des réserves de change pléthoriques en Chine et dans certains pays émergents.

Rg	Réserves de changes + or	mds de $	% du PIB	Date
1	Chine	3 305	29,0	Mars 2016
2	Japon	1262	30,7	Avril 2016
3	Suisse	649,2	95,9	Mars 2016
4	Arabie Saoudite	572	90,5	Mai 2016
5	Taïwan	426	82,1	Janv 2016
6	Russie	393,9	31,9	Juin 2016
7	Corée du Sud	369,8	26,5	Mars 2016
8	Inde	363,8	16,7	Juin 2016
9	Brésil	362,2	20,1	Avril 2016
10	Hong Kong	359,9	116,9	Fév 2016
11	Singapour	244	83,0	Fév 2016
12	Allemagne	200,3	5,9	Avril 2016
13	Mexique	179,7	15,5	Mars 2016
14	Thailande	178,7	47,8	Juin 2016
15	Royaume-Uni	164	5,7	Mars 2016
16	Algérie	155,7	88,9	Déc 2015
17	France	153,9	6,4	Mars 2016
18	Italie	143,2	7,9	Mars 2016
19	États-Unis	121,3	0,7	Avril 2016
20	Turquie	112,8	15,6	Mars 2016

Sources : FMI, banques centrales nationales, ACDEFI

CHAPITRE 6 : LA CHINE FIXE LES RÈGLES

La Chine plie mais ne rompt pas :

	2010	2015	2016
Croissance annuelle	10,6 %	6,9 %	6,5 %
Croissance moyenne au cours des 5 dernières années	11,3 %	7,8 %	7,2 %
Inflation	3,3 %	1,5 %	1,5 %
Taux de chômage	4,1 %	4,1 %	4,1 %
Solde courant / PIB	3,9 %	3,0 %	2,7 %
Dépenses publiques / PIB	25,9 %	30,7 %	30,5 %
Déficit public / PIB	- 1,2 %	- 1,9 %	- 2,3 %
Dette publique / PIB	36 %	43 %	46 %

Sources : FMI, ACDEFI

La Chine première puissance mondiale, pour longtemps :

	1980	2000	2015	2020
Part dans le PIB mondial	2,3 %	7,5 %	17,2 %	19,4 %
PIB par habitant (en $)	307	950	8 300	12 200
Population	987 millions	1,29 milliard	1,38 milliard	1,41 milliard
Taux d'investissement	34,7 %	34,1 %	44,3 %	38,7 %
Taux d'épargne	32,6 %	35,7 %	47,4 %	39,3 %
Solde courant / PIB	25,9 %	1,7 %	3,0 %	1,0 %
Réserves de change	10 Mds	850 Mds	4 000 Mds	2 600 Mds
Réserves de change / PIB	3,2 %	70,5 %	35 %	16 %

Sources : FMI, ACDEFI

CHAPITRE 10 : LA ZONE EURO : QUEL GÂCHIS !

Quel que soit l'horizon temporel, la zone euro et le Japon restent les lanternes rouges de la croissance mondiale

Croissance annuelle moyenne du PIB réel (donc hors inflation) :

De 1990 à 2015 :

Pays émergents d'Asie	7,6
Pays émergents	5,0
Monde	3,6
Amérique Latine	3,1
États-Unis	2,4
Pays développés	2,2
Royaume-Uni	2,0
Allemagne	1,6
France	1,6
Zone euro	1,5
Japon	1,1

Sources : FMI, ACDEFI

De 2008 à 2015 :

Pays émergents d'Asie	7,4
Pays émergents	5,2
Monde	3,2
Amérique Latine	2,6
États-Unis	1,2
Pays développés	1,0
Royaume-Uni	0,9
Allemagne	0,9
France	0,4
Japon	0,2
Zone euro	0,1

Sources : FMI, ACDEFI

De 2000 à 2015 :

Pays émergents d'Asie	7,9
Pays émergents	5,9
Monde	3,9
Amérique Latine	3,1
États-Unis	1,9
Royaume-Uni	1,9
Pays développés	1,8
France	1,3
Allemagne	1,3
Zone euro	1,2
Japon	0,8

Sources : FMI, ACDEFI

CHAPITRE 11 : GRÈCE : LES DIEUX SONT TOMBÉS SUR LA DETTE

Évolution des PIB par habitant dans la zone euro de 1990 à 2015 : l'Irlande sourit, la France et la Grèce font la grimace...

PIB par habitant en euros courants dans la zone euro en 1990 :

1	Luxembourg	27 573,6 €
2	France	18 711,3 €
3	Finlande	18 295,7 €
4	Autriche	17 949,1 €
5	Pays-Bas	17 311,2 €
6	Belgique	16 711,0 €
7	Allemagne	16 561,7 €
8	Italie	12 778,5 €
9	Irlande	10 521,7 €
10	Espagne	8 396,9 €
11	Chypre	7 948,2 €
12	Portugal	5 633,0 €
13	Grèce	4 499,5 €

Sources : Eurostat, ACDEFI

PIB par habitant en euros courants dans la zone euro en 2000 :

1	Luxembourg	53 507,6 €
2	Irlande	28 594,8 €
3	Pays-Bas	28 133,9 €
4	Autriche	26 642,2 €
5	Finlande	26 349,5 €
6	Allemagne	25 729,3 €
7	France	25 235,3 €
8	Belgique	25 219,2 €
9	Italie	21 770,7 €
10	Espagne	16 050,3 €
11	Chypre	15 113,4 €
12	Grèce	13 108,0 €
13	Portugal	12 484,7 €
14	Malte	10 880,8 €
15	Slovénie	9 509,2 €
16	Slovaquie	5 876,9 €
17	Estonie	4 403,8 €
18	Lithuanie	3 813,2 €
19	Lettonie	2 875,1 €

Sources : Eurostat, ACDEFI

PIB par habitant en euros courants dans la zone euro en 2015 :

1	Luxembourg	91 917,6 €
2	Irlande	46 300,9 €
3	Autriche	39 404,3 €
4	Pays-Bas	39 295,4 €
5	Finlande	37 827,2 €
6	Allemagne	36 946,3 €
7	Belgique	36 144,3 €
8	France	33 952,9 €
9	Italie	26 915,9 €
10	Espagne	23 309,4 €
11	Malte	20 573,5 €
12	Chypre	20 356,0 €
13	Slovénie	18 684,2 €
14	Portugal	17 232,5 €
15	Grèce	16 279,6 €
16	Estonie	15 580,1 €
17	Slovaquie	14 411,8 €
18	Lithuanie	12 806,4 €
19	Lettonie	12 273,1 €

Sources : Eurostat, ACDEFI

CHAPITRE 13 : BREXIT : QUATRE DIVORCES ET UN ENTERREMENT...

PIB réel depuis 2000 : le Royaume-Uni loin devant la France et la zone euro.

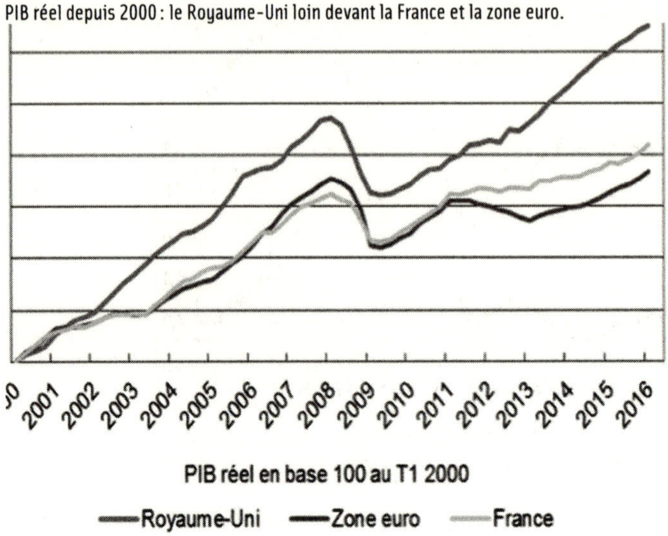

Sources : Eurostat, ACDEFI

PIB par habitant : près de 40 points d'écart entre la France et le Royaume-Uni de 1980 à 2016.

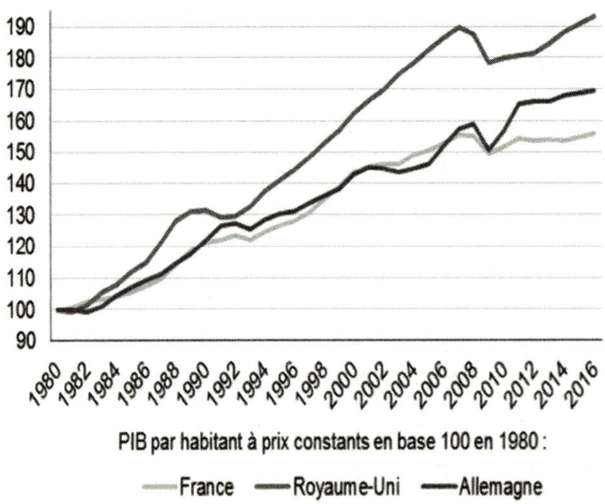

Sources : FMI, ACDEFI

Le taux de chômage britannique reste très inférieur à ceux de la France et de la zone euro.

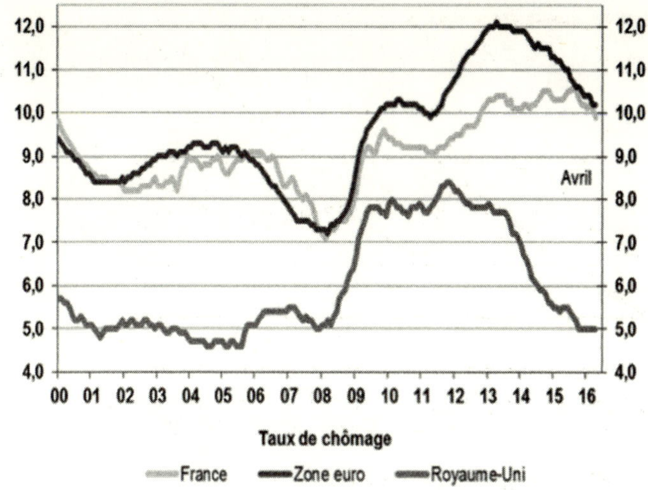

Sources : BEA, Federal Reserve, ACDEFI

Royaume-Uni : 20 ans d'effort.

	En 1995	En 2015
Croissance structurelle	1,2 %	2,5 %
PIB/Habitant (en $ courants)	21 331	43 771
Classement mondial	18ème	14ème
Taux de chômage	8,5 %	5,0 %
Dépenses publiques / PIB	40,4 %	40,1 %
Dette publique (en % du PIB)	47,4 %	89,1 %
Balance courante (en % du PIB)	- 0,7 %	- 4,3 %

Sources : FMI, Eurostat, ACDEFI

France : 20 ans de perdus.

	En 1995	En 2015
Croissance structurelle	2,0 %	0,7 %
PIB/Habitant (en $ courants)	27 898	37 675
Classement mondial	12ème	22ème
Taux de chômage	10,2 %	10,4 %
Dépenses publiques / PIB	54,2 %	57,0 %
Dette publique (en % du PIB)	55,5 %	96,1 %
Balance courante (en % du PIB)	+ 0,5 %	- 0,1 %

Sources : FMI, Eurostat, ACDEFI

CHAPITRE 14 : LA FRANCE, PLUS BEAU PAYS DU MONDE ?

Investissement logement en France : retour en 1980...

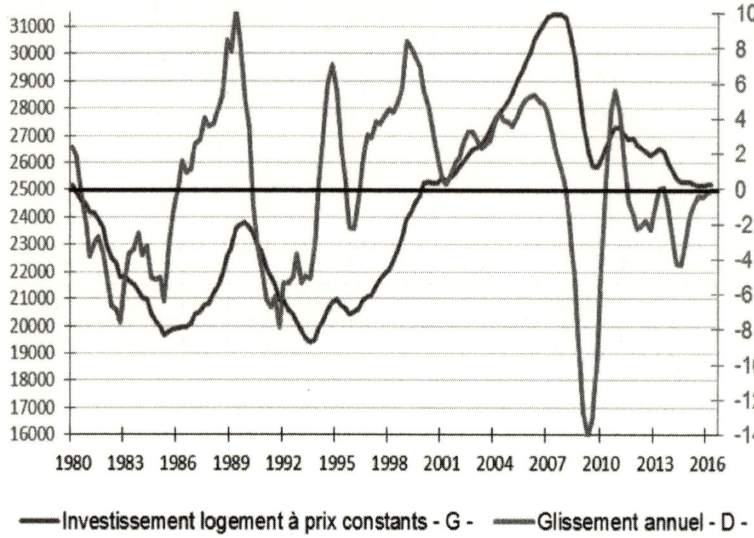

Sources : INSEE, ACDEFI

Le chômage français reste un fléau dramatique.

Sources : DARES, ACDEFI

La France de 1980 à 2020 : dur, dur...

	1980	1990	2000	2010	2015	2020
PIB en Mds d'euros courants	453,2	1058,6	1485,3	1998,5	2181,1	2474,8
Poids dans le PIB mondial en PPA	4,4	4,1	3,4	2,6	2,3	2,1
Population en millions de personnes	53,7	56,6	58,9	62,8	64,3	65,8
PIB/habitant en euros courants	8434,8	18711,3	25235,3	31840,6	33933,8	37631,8
Croissance structurelle (en %)	2,7	2,5	2,0	1,0	0,8	0,8
Taux de chômage (en %)	6,3	8,4	9,2	9,3	10,4	10,4
Taux de pauvreté (seuil à 60 % du revenu médian) en %	15,0	14,7	13,6	14,1	14,0	14,0
Dépenses publiques / PIB (en %)	46,1	49,6	51,1	56,4	57,0	56,0
Prélèvements obligatoires / PIB (en %)	40,2	41,6	44,5	42,5	44,7	44,0
Dette publique / PIB (en %)	20,8	35,3	58,4	81,5	96,8	100,0

Sources : INSEE, FMI, ACDEFI

Classement des pays en fonction du PIB par habitant en dollars courants en 1985 : Les pays pétroliers mènent le bal...

1	Émirats arabes unis	27 036
2	Bruneï	19 982
3	États-Unis	18 232
4	Qatar	18 201
5	Suisse	16 664
6	Norvège	15 733
7	Canada	14 131
8	Suède	13 349
9	Bahamas	13 201
10	Koweit	12 671
11	Islande	12 585
12	Luxembourg	12 514
13	Danemark	12 264
14	Japon	11 464
15	Australie	10 961
16	Bahrein	10 182
17	France	10 150
18	Pays-Bas	9 766
19	Autriche	9 070
20	Finlande	8 926
21	Arabie Saoudite	8 733
22	Royaume-Uni	8 674
23	Belgique	8 618
24	Allemagne	8 617
25	Libye	8 320

Sources : FMI, ACDEFI

En 1995, le Luxembourg et la Suisse prennent la tête pour ne plus la quitter, la France est douzième.

1	Luxembourg	51 190
2	Suisse	48 717
3	Japon	42 536
4	Danemark	35 478
5	Norvège	34 794
6	Allemagne	31 709
7	Autriche	30 307
8	Suède	29 883
9	Pays-Bas	28 911
10	États-Unis	28 763
11	Belgique	28 617
12	France	27 898
13	Islande	26 867
14	Émirats arabes unis	26 394
15	Finlande	25 288
16	Singapour	24 936
17	Hong Kong	22 909
18	Royaume-Uni	21 331
19	Australie	20 931
20	Canada	20 642
21	Italie	20 609
22	Irlande	19 222
23	Bruneï	18 291
24	Israël	18 039
25	Koweit	17 252

Sources : FMI, ACDEFI

En 2005, tout a changé : seule l'Irlande tire son épingle du jeu.

1	Luxembourg	80 308
2	Norvège	66 643
3	Saint-Marin	65 911
4	Islande	57 053
5	Suisse	54 959
6	Qatar	54 229
7	Irlande	51 140
8	Danemark	48 893
9	États-Unis	44 218
10	Émirats arabes unis	43 989
11	Suède	42 999
12	Pays-Bas	41 648
13	Royaume-Uni	40 162
14	Finlande	39 107
15	Autriche	38 431
16	Belgique	37 147
17	Canada	36 316
18	France	36 210
19	Australie	36 135
20	Japon	35 791
21	Allemagne	34 769
22	Italie	32 066
23	Singapour	29 870
24	Brunei	28 589
25	Nouvelle-Zélande	27 203

Sources : FMI, ACDEFI

En 2015, la France n'est plus que 22e mondiale et se prépare à quitter le Top 25.

1	Luxembourg	101 994
2	Suisse	80 675
3	Qatar	76 576
4	Norvège	74 822
5	Macao	69 309
6	États-Unis	55 805
7	Singapour	52 888
8	Danemark	52 114
9	Irlande	51 351
10	Australie	50 962
11	Islande	50 855
12	Suède	49 866
13	Saint-Marin	49 847
14	Royaume-Uni	43 771
15	Autriche	43 724
16	Pays-Bas	43 603
17	Canada	43 332
18	Hong Kong	42 390
19	Finlande	41 974
20	Allemagne	40 997
21	Belgique	40 107
22	France	37 675
23	Nouvelle-Zélande	37 045
24	Émirats arabes unis	36 060
25	Israël	35 343

Sources : FMI, ACDEFI

CHAPITRE 17 : LA POLITIQUE BUDGÉTAIRE EN DÉFAUT

Poids des dépenses publiques dans le PIB : la France en pôle position...

	1980	1990	2000	2010	2015
France	46,1	49,6	51,1	56,4	57,0
Zone euro	ND	49,5	45,6	50,5	48,6
Allemagne	ND	46,0	44,7	47,3	43,9
États-Unis	34,9	37,1	33,7	40,0	35,7
Japon	32,0	30,2	37,1	38,9	39,3
Pays développés	ND	ND	37,0	42,5	39,3
Chine	24,0	18,2	16,2	24,2	31,9

Sources : FMI, Eurostat, INSEE, OCDE, ACDEFI

CHAPITRE 18 : LA DETTE… SOUS CONDITION…

La dette publique flambe partout…

	1980	1990	2000	2010	2015
France	20,8	35,3	58,4	81,5	96,1
Zone euro	ND	65,0	68,0	83,8	90,7
Allemagne	ND	37,5	58,9	81,0	71,0
États-Unis	ND	32,0	52,0	94,7	106,0
Japon	50,6	67,0	143,8	215,8	249,0
Pays développés	ND	ND	70,0	97,6	105,0
Chine	ND	20,0	36,9	35,1	43,9

Sources : FMI, Eurostat, INSEE, ACDEFI

CHAPITRE 20 : DES MARCHÉS FINANCIERS SENS DESSUS DESSOUS

Les crises font partie de la vie économique et boursière.

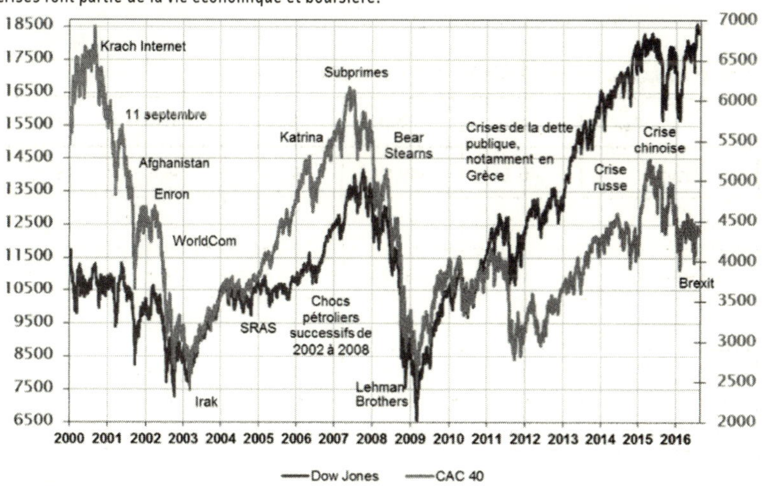

Source : ACDEFI

CHAPITRE 23 : L'IMMOBILIER : VALEUR REFUGE OU VALEUR DÉLUGE ?

Immobilier : La bulle est toujours là.

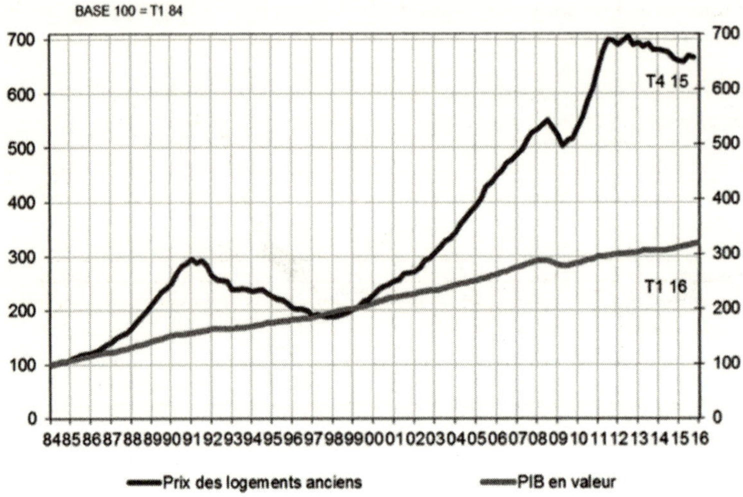

Sources : INSEE, Notaires, ACDEFI

Le marché immobilier demeure fragile.

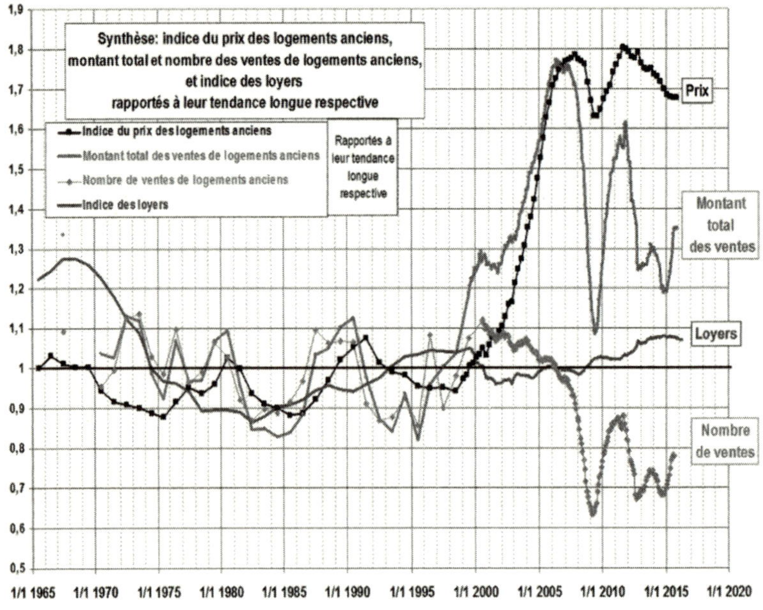

Sources : CGEDD, INSEE, Notaires

L'immobilier français reste trop cher par rapport aux revenus des ménages, surtout à Paris.

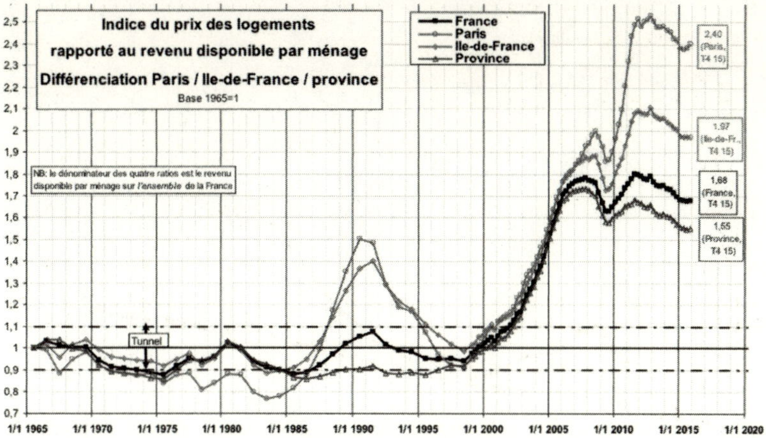

Source : Conseil général de l'environnement et du développement durable (CGEDD)

DU MÊME AUTEUR :

Guérir la France La thérapie de choc, préface de Maurice Levy, Editions du Moment, 2015, « prix du livre d'actualité 2015 » décerné par le Cercle de l'Excellence RH.

Le dictionnaire terrifiant de la dette, Editions du Moment, 2013, réédité en 2014 et passé en édition poche en 2015.

Quand la zone euro explosera, Editions du Moment, 2012.

Krach, boom... et demain ?, Dunod, 2009,

Le Politique saisi par l'économie, collectif, Economica, 2002.

Le retour du plein-emploi une nouvelle révolution française, avec Pierre Alexandre, Anne Carrière, 2000.